无声崩溃
年轻父母的困境

郭彦麟 著

中国致公出版社

图书在版编目（CIP）数据

无声崩溃：年轻父母的困境/郭彦麟著. -- 北京：中国致公出版社，2020
　　ISBN 978-7-5145-1687-6

Ⅰ.①无… Ⅱ.①郭… Ⅲ.①家庭教育－教育心理学 Ⅳ.①G780

中国版本图书馆CIP数据核字(2020)第122829号

中文简体版©2019通过成都天鸢文化传播有限公司代理，经宝瓶文化事业股份有限公司授予北京鼎文出版传媒有限公司独家出版发行，非经书面同意，不得以任何形式，任意重制转载。本著作限于中国大陆地区发行销售。

著作权合同登记图字：01-2020-5044号

无声崩溃：年轻父母的困境 / 郭彦麟 著

出　　版	中国致公出版社
	（北京市朝阳区八里庄西里100号住邦2000大厦1号楼西区21层）
发　　行	中国致公出版社（010-66121708）
邮　　编	100025
责任编辑	方　莹　李　舟
特约编辑	陈艳芳
版式设计	新视点
印　　刷	天津中印联印务有限公司
版　　次	2020年9月第1版
印　　次	2020年9月第1次印刷
开　　本	880mm×1230mm　1/32
印　　张	8
字　　数	156千字
书　　号	ISBN 978-7-5145-1687-6
定　　价	45.00元

（版权所有，盗版必究，举报电话：010-82259658）
（如发现印装质量问题，请寄本公司调换，电话：010-82259658）

推荐序

照见内心细节

这不是一本从精神医学的角度所写的人生操作指南或亲子教养书：提供案例、给出建议、提醒错误、贴心叮咛、图表分析等，当你在生活中进行实际操作时，却倍感挫折，或不知下一步在哪。

这是一本从精神医学的角度所写出的生命故事，丰富的情绪描写将案例和方法悄悄融入其中，字里行间充满理解与关怀。也许你会在毫无防备之下，被引入叙事森林、故事汪洋，进入幽暗且深邃的内心世界。因为此书中一篇篇故事、一个个男女、一重重身份都令人太过熟悉，若非亲身经历的，也是旁人曾经历或正经历的种种，然后发现，原来他们、我们一直如此努力地想扮演好这个角色：父亲和母亲。

父亲和母亲，当今社会中过于沉重的身份，背负着社会的期盼和指责的目光。只要发生青少年犯罪、自杀或校园情伤等事件，当事人的父母就得出来道歉或掩面现身，接受大众对他们教育失败的指责。这些面目模糊、神情哀痛的所谓"父母亲"出现于镜头前，我的内心总有被刺伤之感，不免想到：这其中定有如重重迷宫、崎岖路径的复杂故事，不见光、不能曝光，无法被诉说出来的"细节"——是的，就是"细节"——在看似平板单调、理所当然的悲剧定论前，有更多不断滚动着的情感细节，被忽略、被消音、被简化，但却致命，并足以直奔那痛心结果的细节。

细节，如同在大船底部始终没被发现的一道细痕，沉默地看着海水不断渗入，安静地等待着最终的灾难。

郭彦麟医生提供了可能的细节，关于所谓"父母亲"身为"人"，也身为"人子"的心路，将真实又复杂的内心戏透明化，委屈、痛苦、愤怒、忧郁、自责、恐惧及诸种难以言说的情绪，在作者笔下有了细致的轮廓、表情和血肉。无论是产后哺乳不顺的妈妈，产后忧郁的爸爸，还是被指责不公平的妈妈，我看到的不仅仅是"案例"，更是他们辛酸的历程和易碎脆弱的心，所有举动、言语、表情背后是内心的强烈挣扎：社会期待和个人好恶的拉扯，社会框架和个人困惑的对垒。当喂母乳成为社会普遍的"好妈妈规定"时，我们其实很难了解无法亲自哺乳的妈妈的痛苦和愧疚；当"爱家的爸爸"成为被肯定的价值时，那爸爸在外在条件与心理压力倾轧之下的苦闷，又该向谁倾诉？当"没有坏孩子，只有不会教的父母"成为教养紧箍咒时，只能不断孕生更多被"我不是个好妈妈""我应该更努力"等观念绑架的疲惫自责的家长。

推荐序：照见内心细节

于是郭彦麟以其专业能力，让这些被家教书弄得神经紧张、晕头转向的父母坐在诊室中，倾听他们诉说自己的焦虑、恐惧和愧疚。值得探究的是，这些进入诊室的人是没有名字的，作者以第三人称"他"或"她"来称呼，暗示了这些人所具有的普世代表意义。换言之，这些匿名的"他"或"她"代表了千千万万个疲倦、焦虑的父母或男女，任何曾走过或正走在这条艰苦教养路上的"我们"，皆可取下本书中这些"他"或"她"的脸孔，坐在郭医生的诊室中，让"她"的眼泪从"我"的眼中安静地流下，让"他"的焦虑在"我"的体表微微发颤，当孩子指着"她"咆哮"你偏心，你不公平"时，"她"的愧疚、困惑和自责同时在"我"的体内冲撞。或者，我也想到了自己的父母，书中那位如椅子般沉默的父亲的内心，恐怕也是我父亲的内心啊。因此，这些"他"与"她"不过是"我们"或"我们的父母"的代称，我们一家人全都坐在郭医生诊室中那张仿佛能吮尽所有痛楚哀伤的沙发上，让积累一辈子甚至几代人之间无以名状之苦，通过声音、眼泪释放出来。

本书不仅写父母亲当下的教养挫折，郭彦麟还将时间向前后拉长推远，回溯"家会伤人"的家庭结构，也向后推展至老后、失亲后的成年孤儿阶段，人们这一生回避不去的痛楚与忧伤、衰老与告别，全部都收拢在郭彦麟的那间诊室中。在谈自我家庭的话题时，郭彦麟注意到了一个现象，就是"家会伤人"往往变成了"家人是罪人"，于是"我们将自己的身份设定成无助的受害者，除了控诉与任由缺口撕裂外，我们对自己丧失了想象与希望。"倘若回溯家庭创伤变成了控诉双亲的指责手段，不仅无法让自身真正脱离风暴中心，就长远来看，反而会陷入更黑暗的轮回。

人生很难，但所幸有倾听的耳朵，有温柔的目光，有一盒任你尽情崩溃痛哭的卫生纸，有"他"和"她"从艰难中向前推进的蹒跚步履，我们藉此获得力量，与不完美且不需要完美的自己，素面相对。

文 / 李欣伦（作家）

推荐序

我们的脆弱如此相似

在这个世界上,没有一个角色能够真正完美。

生而为人,总有不堪的一面,唯一完美的仅有婴儿时期,看似脆弱,但存在本身已战胜死亡,集聚真善美于一身,毫不犹豫地爱人且相信自己是被爱着的。

在成长过程中,我们被要求社会化,从而隐藏真我、舍弃纯粹,学着配合团体规则,以为这一切是勇敢地武装自己,其实,是封闭了自己的内心。如果生命没有再起变化,大致就是这样混沌地过了一生。

为人父母,是一种幸运,也是一种不幸。在孩子出生后,再次接触到自己丢失的真善美,曾经遗忘的那些记忆在孩子的一哭一笑间涌上心头,一再地把我们拉至无法预期的生命境界,或是拉回不愿再回首的片刻时光。于是乎,养育孩子的这四五年,是我最深刻的思索生命、回溯童年记忆、琢磨与父母关系的日子了。

郭彦麟医生写下了各种内心的缺口，诊室里的那些父母，或许是追求完美，或许是自我责备，或许是被罪恶感捆绑；有人不敢承认自己角色转换的恐惧，有人始终否认自己有不完美的一面；无法承担失去生命的折磨，无法面对分离的恐惧；痛苦于自己在他人眼中的卑下形象；不敢承认自己是被孩子或父母抛下了。

在这些故事中，我们都能找到自己的影子。

当妈妈后，我总是感到愧疚。在因照顾孩子而夜不成眠的日子里，想到妈妈曾几次玩笑似的聊起，婴儿时期的我被称为"千日哭"。别的孩子适应了环境与日夜作息，哭百日也就停了，唯独我哭到让全家手足无措，连祖母都抱着我到处去祈祷。我现在才懂得那些玩笑话的背后，是他们承受过的折磨。但妈妈这几年生病时，我已经无法随侍在侧，好几次周末约好回去的日子，也因孩子病了或者安排了其他活动而临时取消。

我对父母有愧疚，对自己更是。社会对妈妈这一身份有着太高的期待，让我没能力为自己争取更多独处时间。为了提供高质量照顾，我拒绝长辈协助，只为了避免电视、零食等任何"有害"孩子身心的因子出现。我对自己愧疚，当邻居闲语我这个新手妈妈时常因孩子身体不适而去医院时，我的修养只够对那些讥笑眼神保持沉默，而非扬眉质疑这些不相干的人凭什么质疑我的努力，他们知道我为了看护好孩子一晚只睡两小时吗？

我们为什么不能允许自己也有情绪脆弱的时候？成为妈妈后，

推荐序：我们的脆弱如此相似

我们必须如社会期待的那样事事冷静自持吗？那么多家教书警告我们，每一次的哭吼、咆哮、失控，都会变成孩子童年的伤。所以，我们不能当发狂的母兽，再疲倦不堪，也要戴好美丽、温柔的面具。

只是这个面具太不牢固，在与孩子独处的时候几次无声滑落。深夜听到老公的呼噜声，儿子却还在床上翻来覆去不睡觉，我忍不住对孩子厉声说道："不想睡觉的人不要待在床上，自己出去玩！"待孩子终于噙着泪水入睡，我又悔恨不已。明明知道孩子要的是什么，明明知道眼前被孩子黏腻依赖的日子不会太久……

我带着罪恶感，我害怕成为自己最讨厌的父母模样。我发现，我正在用一种攻击性的情绪惩罚自己。

不只是我，身边有太多妈妈过得不快乐，甚至让我怀疑她们情愿沉浸在一种失去自我的失落中，任意地被情绪囚禁，藉此责备伴侣、家人不够爱自己。看着她们放弃自己、牺牲自己的样子，我感觉那不是温馨家庭片，而是恐怖惊悚剧，以爱为名，却让孩子感到强烈的孤独与被控制感。她们当妈妈的生活太孤独了，明明家里添了小孩，家庭大树扎了根，幸福的枝叶在扩散，却把日子过得那么沉重，仿佛自己就是唯一支撑家庭的树干，幸福与忧郁毫无矛盾地同时存在着。

撑着这个家的我们，自认为张开了一张大大的保护伞，却也同时被指责撒下了一张沉重的铁网，将压力笼罩着全家人。当我对自己的原生家庭怀着愤恨与抱怨时，也更加担心，未来我的孩子会说出"家会伤人"的话，我害怕自己成为孩子们眼中被困住了的妈妈。

成为妈妈，究竟是一份渴望、一件礼物？或是一项责任、一种折磨？

不同于多数人着眼亲子关系时偏好琢磨女性角色，郭医生特别花了不少篇幅描绘那些封闭在沉重的盔甲里无法动弹的男性，那些在孩子世界里缺席的父亲角色。这并不是指孩子因父亲离家工作、父母离异等情况跟父亲分开，而是情感上的距离。

中国的多数父亲，即便是到了现代，还是不改这种为全家人挡风遮雨的方式，压抑地生活。当孩子受伤或脆弱的时候，他们仍旧强硬地要求孩子勇敢、坚强。孩子被人欺负了，他再心疼，也不扮演呵护、怜惜的角色，而是让孩子打回去，那是他能想到的保护孩子最合适的方法。因为没人告诉他要先靠近孩子的心，忠于自己不敢流露出的情感。而现代女性成为妈妈后，不再一心扮演传统奉献型慈母或虎妈，她们开始不断反思，被愧疚、幸福、害怕失去自我等情绪所缠绕着，这和父亲的状况是完全不同的。两者之间这样的差异性，往往也成为伴侣关系破裂的关键因素。

不只是孩子渴望父亲，妻子也是，她们渴望着和丈夫成为家庭里亲密的战友，谈自己的期望、脆弱与压力。然而，妻子等到的往往是失败、笨拙、没有表情与声音的男性，难以向他们奢求安慰。

我们已经走在兵荒马乱的育儿路上了，也发现自己离理想中的父母形象还有一大段距离。毕竟,父母原本就是一个困难且复杂的角色,难以被哺喂母乳时间的长短、是否亲自育儿等条件定义。

  我们所能做的,是提醒自己,在成为父母亲之前,我们是独立而完整的人,成为父母亲之后,我们依然是,没有人会突然变成圣人。承认吧!养儿育女带来的不只有喜乐感动,还有焦躁、悲伤、气愤、嫉妒、憎恶等真实情绪。唯有正视自己不堪与脆弱的模样,才能做到坚强,为自己做出选择,跳出"不够好的父母"框架,选择成为"成长中的父母",当"学习爱自己的父母"。

文 / 谌淑婷(作家)

自序

没有结局的故事

在成为精神科医生之前,我就是个沉迷于故事的人,爱读,也会写。

故事是现实与想象之间一个悬浮的空间,在历史与神话之间,在天真的孩子与绝望的大人之间,好似一个与生活平行存在着,且活生生运行的世界。假的,却是真的;虚妄,却蕴含希望。于是捂上耳朵,故事在耳里响起;阖上眼睛,故事在眼底展现。

因为故事,所以使我成为精神科医生吗?或许吧,我不敢确定,不敢那么浪漫且无知地断定。因为精神科的故事,鲜少是浪漫的。

即使有美丽的结局,也是从残酷与痛苦中,一点一点捡拾回来的,捡拾微光,捡拾花瓣,捡拾在绝望里迷路的孩子心中那一点点希望。如果花能绽放,也是泪水灌溉,从灰烬化为的土壤里奇迹般地开出的。

诊室里的故事,很难像小说能够轻易地阖上。它并不与生活平

自序：没有结局的故事

行，而是重重地摔落于现实，狠狠地摩擦，贴着影子，发出刺耳的声音，是挣扎，也是抵抗，试着寻找一点点呼吸的空间，然后才是撑起自己，重新寻找站起的空间与力量。

诊室里的故事，不仅仅是听，然后天真地想象便好。

有些故事好沉好重，像耳鸣，像目眩，像搬不动的巨石，重重压在了生活上。这种时候，我会将另一个世界的故事打开，偷一些想象，偷一些希望，偷一点点抵抗重力的魔法，一点点天真到足以令人遗忘现实的童话。

许多时候，我们是靠故事长大，靠故事勇敢做梦，甚至靠故事活下去的。或许，这便是我沉迷于故事的原因，也是我继续坐在诊室里听故事的原因。

于是，我是个听故事的人，也是个说故事的人。那么，我算是个偷故事的人吗？

云降下了雨，流成一条河，汇入了海洋，热气蒸腾后，在天空又凝聚成另一朵云。山冲刷出了砂砾，撒成一片沙滩，浪卷入海底后，被时光揉成一片岩脉，大地苏醒时，又从海里隆起一座山。

那么，这新生的云，是偷来的吗？这新生的山，也是偷来的吗？倘若，云又降下了雨，山又冲刷出土壤，这湿泥里开出的花，也是偷来的吗？

我说故事，但我未曾认识故事里的任何一个人。

我不偷故事，但若说这些故事是捏造的，仿佛这些故事是虚幻的；若说这些故事是真实的，又仿佛这些故事是诊室的拓印、切片与瞬间，在书页上曝光后，直接冲洗出来。

这些故事是新生的，是我离开诊室后，游入大海、深潜、溶化并沉睡后，被旭日或雷电唤醒，是同样以眼泪灌溉，以灰烬为土壤，开出灼灼盛放的鲜花。

前些日子，我学习精神医学的老师向我要了一份阅读清单，说是打算给住院医生与医学生参考。我先列了几本工具性的专业书，老师随即不满足地希望书的类型与题材能放宽、拉广一些，只要跟精神医学有关，小说、散文，甚至绘本也可以。

于是，我又加上一些跨领域的科普与文史类书籍：医学文化史、谈动物与人的精神共病、精神科教授的自剖传记、孤独、衰老与死亡的书、精神分析与人我关系的经典……而第十本书，我忍不住递上了《奥丽芙·基特里奇》这部短篇小说集。

这更自由，也更自我的书单，仿佛离诊室与会议室更远，离孤独或拥挤的房间及日常更近，就更贴近真实的精神医学。

我认为《白噪音》与《奥丽芙·基特里奇》都是精神科医生必读的小说。《白噪音》谈一场人为的灾难，谈的是焦虑、恐惧与死亡。焦虑是精神分析的核心，恐惧是生存的驱力，而死亡，是存在的矛盾意义。至于《奥丽芙·基特里奇》，说的则是日常，是一个个人与人碰撞、受伤、痊愈或来不及痊愈然后再受伤的片段。那些故事真实得不像故事，像被窥视剽窃的人生，直接印上了书页。

自序：没有结局的故事

在诊室里听故事，是为了理解、诊断然后开具处方；而脱下白袍后离开诊室说故事，则是为了将我偷来的想象与希望，返还一些到故事里。

我不完美，我仍脆弱，但故事有自己的生命，有超越我的力量，悬浮于现实与想象之间，抵抗重力，抵抗坠落。

就如我喜爱的另一本小说《时光的彼岸》中的对话。

"我一直认为书写跟自杀相反。"她说，"书写带来不朽，击溃死亡……"

"类似《天方夜谭》？"

"对。"

那是一个关于海啸、9·11、霸凌、自杀、死亡、永恒与爱的故事，同样的，它也是贴近精神医学的故事。

感谢堆砌的瞬间，延续而成了这些故事、这本书。感谢在瞬间里，信任且挚爱我的所有人，以想象灌溉我的孩子，以陪伴抚慰我的妻子，以及以哲思唤醒我的编辑。

这些故事没有结局，只是开始，它们继续在诊室外，与生活平行的某个世界里开展，然后再回到生活里，活成新的故事。一如，我仍在听着、读着、说着。

愿有一日，我能说出如《奥丽芙·基特里奇》那般真实而拥有翅膀的故事，在诊室之外，为诊室外的真实施一点点魔法，唤醒一点点力量。

目 录

推荐序：照见内心细节　　　　　　　　　001
推荐序：我们的脆弱如此相似　　　　　　005
自序：没有结局的故事　　　　　　　　　010

第一章　那些流不出的泪

多重角色的冲突　　　　　　　　　　　　002
挥不去的自责　　　　　　　　　　　　　011
最深的恐惧，也是最强韧的力量　　　　　024
总是觉得自己不够好　　　　　　　　　　038
罪恶感或许源于爱，却不是爱　　　　　　053

第二章　平凡人都有的伤

一个人害怕的感觉，是很孤独的　　084

对于"公平"的不安与矛盾　　104

理解家庭的伤　　116

你没有对不起谁　　132

迎接生命是爱，告别生命是更痛的爱　　153

第三章　那离不开的心

分离的焦虑　　170

自卑而失落的父亲　　180

终究得面对提早告别的哀伤　　198

弃养的被剥夺感　　210

成年孤儿　　221

第一章　那些流不出的泪

多重角色的冲突

完美的妈妈,破碎的自己?

我们照顾着越来越多的角色,却忘了照顾自己。

而受伤的自己只能躲藏:藏起疲倦,藏起脆弱,藏起眼泪,藏在完美的角色底下,藏在伟大的母性烈焰里——只在静静的深海里,我们才敢放声哭泣。

然而,我们只是人,但愿完整,却无法完美。

生命中不同的角色,就像一块块缺角的拼图,看见了空缺,才能拼凑出完整的自己。

而没有一个角色是能够真正完美的。

第一章 那些流不出的泪

走入诊室的,是一位穿着及膝长裙套装与高跟鞋的职业女性,手里端着一杯咖啡,试图以浓烈的香气掩盖疲倦,但那凌乱垂下的假睫毛依然泄露了一切。

眼眶里锁着一汪眼泪,桃色嘴唇已没有力气再说话。用力过度而微微颤抖的身体像一尊美丽却哀伤的娃娃,在完好的外表之下,内部却有着深深浅浅的伤口。

她需要哭泣,让疲倦与哀伤能够得到释放、发出声音,然后平静。仅此而已。

我递出了卫生纸,承接她收藏许久的哀伤。她犹豫了一下,接下卫生纸,然后像整片天空垮落在一座孤岛上那般,彻底地哭着。

﹀﹀﹀

曾有人说,递出卫生纸像是一种拒绝,要求对方收起眼泪。但我不这样认为。在我心中,这姿势是一种理解和包容,是任何哀伤与眼泪都能降落的一片柔软土壤。

好好地哭吧,这本来就是准备好要容纳你的眼泪的,不是吗?

诊室的桌上总是会摆着一盒卫生纸,但许多人还是会抗拒在陌生人眼前落泪,哀伤从嘴里吐出,又静悄悄地收回耳里,泪水被紧紧地噙住了,一滴也没落下。

曾有个女孩问我："你们放的这些卫生纸是要让别人哭的吗？"

我说："是啊！"

她继续好奇地问："真的有人会在这里哭？"

我点了点头："会啊！"

她皱起眉，露出不可思议的表情，喃喃地说："太恐怖了，太恐怖了。"

是啊，太恐怖了，轻易地将自己的脆弱袒露出来，真的太恐怖了。

对她来说，也是如此恐怖吧。

＞＞＞

暴雨迅即淹没了孤岛，但也很短暂，她深吸了一口气，倔强地又从风浪里站起，将眼泪擦干。

悲伤，无济于事，她总这样想。眼泪就像滚烫的沸水，只是告诉她身上的盔甲有了裂缝，而这也是她所害怕的。

"医生，我生病了吗？"她用和缓的语气问着，心里却是急迫地需要一个答案。

"嗯……我想你太累了，真的太累了。"我没有回答她的问题，但我想，这才是此时她真正需要的答案。

她仿佛晃动了一下，如一场余震，但这次眼泪没再涌出，她似乎找回了力量，将所有的裂缝紧紧捏着。

第一章　那些流不出的泪

她是真的太累了,只是这句话不能由她对自己说,必须让一位医生来对她宣告。如此,她才不会被自怜的羞耻感袭击,也才不会被"不够努力"的枷锁拖入海里。

而那海,就跟她隐藏起来的所有眼泪一样深。

↘↘↘

她成长在一个遵循克己复礼的家庭氛围中,所有关于"爱"的实践,都在于牺牲一切扮演好自己的角色,而她也努力地成为一名独立且符合父母期待的女儿。

她就在这凝滞的空气里长大,紧迫但还可以呼吸。她看得出来,疲惫的父母也是如此地自我要求,他们没在痛苦的时候停下脚步,那么,自己也没有理由感到委屈。

然而,一层一层的角色,毫不停歇地叠了上来。

进入社会后,称职的工作表现让她在一个不甚轻松的职位站稳。接着恋爱,她扮演一个独立又体贴的完美女友,感情稳定地发展,她接受求婚,披着白纱步上红毯。她很高兴自己是如此被肯定且被需要,能成为一名妻子,也即将成为妈妈。

在亲友的注目下,父亲将她的手交给了丈夫,而她也没有放开身为女儿的那只手。"我只是进入了另一个家庭,并没有离开原来的家啊。"她心里这么想。

那时,她含蓄而安静地流下了眼泪,没有委屈,只有感动。一切都是理所当然的，只要能被肯定，便是最大的安慰了。

婚后，她与公婆同住，每天一睁开眼便提醒自己：在这屋檐下，她还有"媳妇"的角色。而随着孩子出生后，能呼吸的空间越来越少，她依然不敢停下脚步，即使快要窒息。

、、、

一天，她忍受着生理期的疲倦与不适撑到下班，带着罪恶感向仍在加班的同事道别，匆忙赶到幼儿园接孩子放学。看到教室里还有其他孩子没被接走，她松了一口气。丈夫一如往常地给她发了一条需要加班的信息，她条件反射性地回复了一张加油的表情包，心中却仿佛陷落了一小块。

回到家里，她快速整理好了一些琐事后，拉着孩子坐上餐桌，公婆正等待他们开饭。她告诉公婆，丈夫不回来吃晚饭了，然后夹了半块卤牛肉到孩子的碗里，再将另外半块放进自己嘴里。

还热着，幸好。

"奶奶的卤牛肉是外面吃不到的哦！多吃一点！"她对着孩子说，心中又偷偷陷落了一小块——再怎么疲倦，她都得关注着别人的感受，从虚弱的身体里，挤出微笑与赞美。

下腹突然一阵闷痛，还有一阵潮水般的湿漉感在底下冲刷着。她到厕所脱下内裤，发现经血已经染上黑裙，她无力地坐在马桶上，吞了一颗止痛药，躲入片刻的宁静里。

第一章　那些流不出的泪

突然，急促的敲门声将宁静狠狠地敲碎。"妈妈！我要上厕所！妈妈！"

无处躲藏！无处躲藏……

她深吸了一口气，只闻到浓浓的腥臭味。而心中陷落的那些地方，早已蓄满了泪水。

\\\

几天前，妈妈在她上班时打了一通电话，说爸爸骑电动车时不慎摔断了骨头。她看着手边成堆的工作，一旁的照片里是她与丈夫一同挤着孩子的笑脸，而妈妈慌乱的声音从电话那头如潮水般一波波涌来……听着听着，一个失衡，她跌入溃堤的泪水里。

"我以前从来没有这样过，我竟然在上班的时候哭成那样，好丢脸……好丢脸……"她垂着头说着。

罪恶感加深了罪恶感，沉重得令人难以负荷。可是连明白与承认这些，都让她感到罪恶。

她要求自己扮演好所有的角色：妻子、儿媳妇、女儿、员工，还有不眠不休的妈妈。她不允许自己有片刻缺席或丝毫怠慢。盛装登场，华丽演出，不是想赢得掌声，而只是害怕批评，承受不了任何亏欠。

于是，她再也没有时间与力气扮演自己。

就像逃到了厕所还是无处可逃，每个地方都充满了期待与要求，从电话那头，从门缝那头。

╲╲╲

几个月前，她买了一辆小汽车，在许多夜晚，等孩子睡了，她便开着车漫无目的地闲晃。只是半个小时，关上手机，打开广播，陌生的声音从遥远的地方传来，而紧闭的车窗将身边的声音远远隔开。

然后，她开始不能自已地哭泣。

这样很好，很好，她终于找到一个没有太多罪恶感，又可以放心躲藏的地方。

她说，那像是一艘潜水艇，她终于可以藏在眼泪之中潜航，不被听见，也不被发现，安安静静地，潜到她最哀伤、最脆弱的地方。

躲到里头，她就再也不会感到害怕了。

但那终究很短暂，就像短暂的雨无法真正缓解一场干旱。

╲╲╲

"你还是得浮出水面。"我说。

"是啊，生活还是得过。"她挤出一个微笑，将揉皱的卫生纸丢进垃圾桶。

第一章　那些流不出的泪

"带着眼泪不行吗？"我问。

她用疑惑的眼神看着我。

我试着告诉她，那些恐惧，或许只是来自她的想象，被不安全感所喂养的想象。

"如果被看见会怎样呢？会被嘲笑、被厌恶、被否定？还是会被抛弃、被不再需要？你只是一个人，却得承担那么多的角色。当你只是一个女儿时，或许还可以追求完美，但现在你是妻子，又是妈妈，你要如何满足那么多的期待而不感到疲倦？那些挫折，怎能不让你感到无助和哀伤？

"你需要一个安静的角落哭泣，但你也可以带着眼泪靠近那些珍惜你的人。我想，对于你所爱、所珍惜的人，你也不会拒绝他们的眼泪，不是吗？眼泪不是罪恶的，很多时候，他们只是想看看你，无论你有多么狼狈、憔悴，无论你是笑着，还是哭着。

"你已经足够坚强了，那些眼泪，不需要躲藏。"我坚定地告诉她。

＼＼＼

某个疲倦的夜晚，她又开着车在夜里潜航，黑暗裹着她，缓缓流动。封闭在车窗内的沉静一瞬间将她的防御融化，眼泪扑簌簌地落了下来。

绕过几个街区，她收好眼泪，转头回家。停好车准备擦干眼泪时，发现卫生纸没了。

进到屋里，见丈夫坐在餐桌前，她吓了一跳，急忙别过头去用手将眼泪抹干。

丈夫靠了过来，没说什么，只是轻轻地抚着她的头，递给了她一张卫生纸。

她没接下卫生纸，却扑进丈夫的怀里，拼命地，将刚刚没收好的眼泪统统释放出来。

后来，她告诉我这件事。

"我好像浮出了水面，找到了停靠的地方……"说的时候，眼泪也落在那柔软的笑容上。

对她来说，习惯眼泪不是件容易的事，但这一次，她没有再躲藏。

不是非得潜到那么深的孤独里，才能流泪。也不是非得灿烂如一颗太阳，才能浮出水面。

坚强底下的不安，让她选择用孤独的方式藏起眼泪，而这么做又让她永远得不到抚慰，于是更加的孤独与不安。

逃啊逃，逃到了孤独的潜水艇里……但终究，逃不开的是自己，那个害怕眼泪的自己。

第一章 那些流不出的泪

挥不去的自责

牺牲不是爱,陪伴与连结才是。

乳房是工具,还是身体?妈妈是容器,还是自己?哺乳,唤醒了"给予"与"保留"的矛盾,而吸吮就像是被渴求的满足感与被要求的罪恶感之间疼痛的拉扯。

被渴求,妈妈在疲惫里感到了安慰与满足。但伴随的被要求,则是压在胸前的罪恶感。

乳房只是爱的开始,并不是全部。真正拥有乳房的,是你。决定如何爱孩子的,也是你,但你得先信任并珍爱自己。

那是妈妈的乳房,而不是孩子的乳房。

自主,是从乳房至身体,乃至生命与自我的肯定。

你爱你的孩子,你也会希望他,学会珍惜、肯定并保留自己。

几个月来的喜悦、期待与沉重的疲惫,终于在剧烈的疼痛后暂时解脱,她几乎马上遗忘那过程中种种的疼痛:突来的绞痛,近似沉没的下坠,无止境地撑开,然后是一直延伸到胸口的撕裂。

虚脱的瞬间,她失去了任何可能的优雅,头发凌乱,汗浸湿身体,尖叫后的声音沙哑,空气中混杂着碘酒与腥味。歇斯底里的痛苦与爱在她身上来回对抗,反复地挖掘,终于将她彻底掏空——

╲╲╲

她听见了哭声,与想象的不同,却又如此熟悉。那是她赐予的,但她却来不及思考便已然臣服,毫不在意地袒露胸部,毫不在意此刻自己是以何种模样与孩子见面。

布巾裹着的,是一颗潮湿、温暖而油腻的果实——护士把宝宝安放在她的乳房上,她戴上眼镜,在雾气里看着宝宝闭眼寻找,护士用手指逗引着宝宝的嘴张开,然后含下她发胀的乳头。

一种新的疼痛,毫无防备地袭来!

她再度落下眼泪,因那太快又被唤醒的痛,也因为真实。

这一刻,她彻底明白自己成了"妈妈"。痛楚来自外在,来自一个独立的生命,她再也无法逃避,所有曾想象的喜悦与磨难都化

第一章 那些流不出的泪

为真实，自此依附在她身上，拼命地吸吮。

而所有的爱也是，正趴伏在她的乳房之上，有着如此确切的重量。

她皱起眉，忍不住呻吟。

"放轻松，她还在适应这个世界，她需要一些时间来认识你。"

宝宝睁开了眼睛，她看着对自己乳头施加痛楚的孩子，吸吮得如此贪婪，也如此无辜。

那她自己呢？这世界又愿意给她多少时间来认识这个孩子呢？

她好疲倦。整个孕期如此漫长，但此刻却又来得太快。

她对身旁拿着手机录像的丈夫投以求助的眼神。

"让她休息一下吧。"丈夫开口说，代替她将那些仿佛软弱又充满罪恶感的要求说出来。她连请求都不敢，何况是要求。

护士将孩子抱离她的乳房，她感觉到乳头的拉扯。胸前少了一坨重量，她深吸了一口气，疲惫地闭上眼睛，不知怎的，眼角又流下泪来。

恍惚间，她听见护士问丈夫："你们有带自己的奶粉来吗？"

没有，她只将自己带来，她以为自己就能给予孩子一切。

只是现在，她已经无力回应什么了。

孩子被送进了婴儿室，她也在半睡半醒间被推回了病房。

丈夫搀扶着她从推床移到病床上时，踩地的瞬间，她感到一阵轻飘飘的晕眩，这才发现身上竟少了这么多重量，像是遗失了什么一样。

躺上床，她终于沉沉地睡着了。

＼＼＼

在医院的那几天，哺乳的过程像是一开始就错拍的舞步，她的乳房总无法回应孩子的哭号，乳汁不能如圆滑的旋律般在她与孩子之间流动，不是拉扯，便是碰撞，充满挫折的她也只能以眼泪回应。

因此，她开始退缩，不断延迟母婴同室的时间。有时是真的疲倦，有时则是感到害怕。

"如果相处的时间太少，回家之后可能会更辛苦。"医生委婉地说。

朋友来医院探望时，也总是在搜寻着宝宝的身影。

"我那时候也是一样，一边哭，一边跟我儿子打仗。"

"对啊，真是一场噩梦！不过值得啦，后面会越喂越顺的。"房里都是成为妈妈的女人，朋友自在地掀起上衣哺喂起第三个孩子。

"实在是很佩服你诶，生孩子跟大便一样，喂奶像开水龙头一样。"另一个朋友调侃着。

妈妈们笑成一团，她也轻轻陪着笑。

第一章　那些流不出的泪

她知道笑声里藏着的支持，但这时候，她却渴望着有更多独处的时间，来消化不断涌入她生命的这一切：孩子、乳汁、爱，与身为妈妈的愧疚。

＼＼＼

最后一晚，怀着愧疚的她觉得自己好像应该多做些什么，于是在丈夫独自出发去婴儿室接宝宝后，她撑起身子，坐在床边，犹豫了一会儿，慢慢跨出了病房。

有人说，生产不是病。那这还算是病房吗？但此刻她觉得，或许自己真的是病了。

走不快，焦虑与哀伤拖着步伐，但她没有停下来，她该去迎接她的孩子，看看孩子孤单面对的是一个什么样的地方。她想主动靠近一些，弥补自己做妈妈却一直被动地逃避所亏欠孩子的时间与距离。

快走到婴儿室门口时，电动门"唰"的一声开启，一个男人推着婴儿准备出来，她瞥见丈夫就在门后与护理师说话，便在旁边靠着墙等待。

"呃……你们的小朋友是预期外的吗？"护理师有些迟疑地问。

丈夫愣了一下，接着带着一贯温和的微笑，坚定地说："不是的,这是我们期待很久的孩子!"

门缓缓地关上,又"唰"的一声打开。丈夫推着宝宝出来,看见她时吓了一跳。"你没迷路啊?"

她靠过去,倾身看了看熟睡中的孩子,然后牵起丈夫的手。"哪有妈妈找不到自己孩子的。"

其实,她的心刚刚碎了,不过又被丈夫紧紧地握住了。

＼＼＼

是的,虽然焦虑,但对于孩子的一切,她还是满怀期待。怀孕、生产、哺乳……这些是唯有妈妈能拥有的感受。

她阅读了大量关于哺乳的信息,熟知母乳的各种优点,也明白那将是一项艰巨的任务。因此,她知道大家的出发点都是好的,说的都是对的。

是她自己错了。

当初她并没有真正明白,还没有从那些如产品说明书般详细的卫教资料、网络论坛里那一篇篇轻描淡写的经验帖中,或是朋友夸张鼓吹的表情里,看出背后的真相。

她没有真的明白,那不只是艰巨的任务,更暗藏了种种复杂的浓烈情绪:痛苦、哀伤、爱、罪恶、内疚、骄傲、剥夺、满足……

哺乳,不仅仅是营养的知识与哺喂的技巧,更是情感与生命的

第一章 那些流不出的泪

传递，关乎连接、占有与牺牲。

而这，还只是一生纠缠的开端而已。

╲╲╲

回家后，虽然日子还是曲折，但总算是能缓缓前进。

在那不断唤起她罪恶感的啼哭中，她用奶粉与奶瓶换取喘息的片刻。而孩子依偎在她乳房上安静吸吮的样子，也总神奇地给了她满足与力量，仿佛被喂养的是她，被依靠着的是她。

然而，生命有如战争，平静祥和的时光似一首歌般短暂，她依然不是自己理想中的妈妈。再往后的日子里，她内心的矛盾丝毫未减，反而越积越多，泪水也似乎总比乳水来得丰沛。

就如同波兰医生雅努什·科扎克（Janusz Korczak）在《如何爱孩子——波兰儿童人权之父的教育札记》中所写的："这是两种愿望、两种需要、两个互相摩擦的自我之间的冲突。……妈妈受苦，孩子出生；妈妈想要在生产后休息，孩子要求妈妈喂食；妈妈想睡觉，孩子渴望妈妈一直照顾他……"

因此，每当感到挫折、疲惫时，深藏心底的那个念头又会浮现出来——挣扎了几个月，她还是决定回到职场。

复职那天，上司写了卡片给她。

同样身为妈妈，我很感谢你愿意回来。

她看着这行字，不知怎的，瞬间被泪水淹没。

＼＼＼

她想要给孩子母乳喂养到六个月大，虽然现实逼得她向奶粉投降，但她仍带着挤奶器上班，努力用一点一滴的乳汁换取时间。

然而，半夜的高烧还是让她提早放弃了。她因畏寒也因啜泣而颤抖着，身边的丈夫醒来，摸了摸她发烫的额头说："早上我陪你去看病吧！"

"没关系，我自己去就好，这样你还要请假。"

"反正我很久没请假了，我也需要休息一下。"

"对不起……"

丈夫没说什么，只是睡眼惺忪地微微一笑，起身倒了杯水，拿退烧药给她。

毫无意外地，是该死的乳腺炎。肿胀疼痛的乳房像硬邦邦的水泥、发烫的石头，但对她而言，那就如同阻塞的航道，她被自己的乳房背叛，与孩子最亲密的连接被截断了，日渐干涸。

虽然旁人总说这是必经的试炼，她自己也忐忑做着心理准备，

第一章　那些流不出的泪

但那挫败感还是超乎想象地彻底击溃了她。谁知道柔软的乳房竟可变为铁石般的恶魔,仿佛不再为她所有,反过来噬咬她。

"够了!走到这里,已经够了。没人能逼迫自己一直待在失落里……"她吞下消炎药,在发烫的意识里告诉自己。

然而,罪恶感并没有放过她。

〉〉〉

她想起当初不知在哪儿看到的画,风格强烈的墨西哥女画家芙烈达·卡萝(Frida Kahlo)的《我的奶妈与我》(My Nurse and I)。画中,芙烈达化身为一个小女孩,躺在戴着石头面具而显不出表情的女人怀里,张口接着女人左乳泌出的乳汁。左乳里的乳腺与乳管被刻意地清楚描绘出来,宛如解剖,又像是冰冷的机械构造图。

芙烈达曾透露妈妈生下姐姐之后过了十一个月便生下她,因此无法为她哺乳,而将她交给一名陌生的奶妈。也有人说,其实芙烈达的妈妈是陷在产后忧郁里头。

当初,那幅画作让她感到哀伤,因为缺席的妈妈、失去脸孔的面具,以及那赤裸裸、滴着泪的乳腺,也因那有着长不大的身体、眼神疏离的小小芙烈达。

如今,她更可以清楚地感受到那乳房里头的疼痛,与被控诉的哀伤。

无声崩溃：年轻父母的困境

╲╲╲

办公室里有许多年纪相近的妈妈，停喂母乳的她像是提早投降的伤兵，关心与流言蜚语纷纷在耳边响起。每当她因为孩子生病而请假，就更加提心吊胆，想象着四处将投来责备与讥笑的眼神。

"真的不喂了吗？好可惜，之前那么辛苦。"

"可以多补充一些益生菌，听说这牌子不错，试试看吧！"

她相信这些都是出自善意，但被罪恶感掳获的她，很难不被这些话语刺伤。在她耳里，那些"建议"都像"订正"，而"补充"听起来都像是她的"缺乏"。

妈妈，必须是一个完美的角色，没有乳汁仿佛不是真正的妈妈。

所幸，还有丈夫与妈妈的体谅与支持。丈夫总说自己小时候也没喝母乳，妈妈则开玩笑地说："其实我也没喂你多久，就当是外婆我欠她的吧！"

确确实实决定不再哺乳的那天，她在自己的左胸上纹了一朵小小的玫瑰。

不久后，她参加同事的喜宴，玫瑰在小礼服的低领边缘若隐若现。大家好奇地探问起来，有人觉得可爱，也有人称赞性感。

一位同事看似无心地说："咦？我以为你很怕痛诶！"

第一章 那些流不出的泪

她愣了一下，笑着回答："呵呵，这个忍一下就好了。"
但被唤醒的内疚与悲伤，并不只是一下下而已。

〉〉〉

"我以为我很会忍耐了，但似乎还是不够……为什么？为什么我不能决定我该不该继续喂奶？为什么我不能决定该如何爱我的孩子？"在诊室里，她的愤怒听起来只剩下无助。"我还是没办法忍住不责怪自己。或许，我真的就只是个不够勇敢又自私的妈妈。"

"如果真的是这样，或许你就不会这么自责了。"我看着眼前陷在矛盾里的她说。

那痛，不正是来自于牺牲与保留之间的拉扯？不正是进入父母的角色后，因自我的本能与被强求的爱，而面临的匮乏与恐惧吗？

那痛，是真真切切属于一位妈妈的。

"没有人可以决定你该如何爱你的孩子，但请别用罪恶感去爱。妈妈，是一个很困难且复杂的角色，如果只用母乳去定义她，不是太简单了吗？"我说。

〉〉〉

《乳房——一段自然与非自然的历史》是作者佛罗伦丝·威廉

姆斯（Florence Williams）成为妈妈后，面对哺乳的困惑与焦虑而展开的一段书写探索。

书中提及一个女人在哺乳的时候会消耗全身百分之三十的能量，喂养这个新的生命。这一数字乍听惊人，却又不令人意外，我们也因此有了浪漫、神圣又充满悲剧性的各种想象。

我想起以色列沙漠中的条纹穹蛛，它以最剧烈的牺牲方式，让自己成为刚孵化的孩子的食物，科学家更发现这种母蜘蛛不只将自己献上，甚至主动提早分解自己的身体，待孩子孵出后，它便可立即将液化的内脏反刍出来。

如女人以自身血水酿成的乳汁，百分之三十，如此剧烈地被掏空着。

＼＼＼

"应该是确定不喂了吧？"我问。

她苦笑着摇摇头。

"嗯，也好，这样我们就可以放心地服用药物了。不然，你很容易责怪自己，又会陷入另一种痛苦的矛盾之中了。"我也苦笑着说。

她流下眼泪，轻轻叹了一口气。

我看了看她，再看看她丈夫怀抱里的女儿，长长的睫毛，一张让人难以抵抗的熟睡小脸。

她这么小心翼翼地叹气和流泪,是生怕吵醒女儿吧。

"她叫什么名字呢?"我问。

"晓玫,我们都叫她'小玫瑰'。"丈夫抬头,微笑着对我说。

某方面而言,母乳也是一种"物质竞赛"吧。其实孩子真正需要的是一位能够善待自我、认同自我的妈妈,因为孩子总能毫不费力地觉察这些,并毫无抵抗地将这些内化,带入他们的生命里。

那些不仅是抵抗细菌、病毒的抗体,更是他们面对挫折与悲伤时,更强大且珍贵的爱。

我们终究不是蜘蛛,我们还需要以父母的角色陪孩子走一段长路,我们还得生出更多爱来支撑自己,才足以支撑孩子。

而这一切,总不能在一开头就牺牲殆尽。

最深的恐惧，也是最强韧的力量

害怕是因为在乎，而看见了这些，便是改变的开始。

我们成为父母，在镜子里看见了自己父母的模样，而原生家庭的伤痛从隐隐约约转变得越发鲜明。

这份痛楚令我们害怕，害怕在镜中看见像自己的孩子，看见这些伤在孩子们身上继续痛着。

影子，到底是在镜子里，还是我们心里？

终于安静下来了——只有在最深的黑暗里，她才不用战斗，不用扮演慈爱的妈妈、尽责的妈妈、细心的妈妈、勇敢而温柔的妈妈。

第一章　那些流不出的泪

她从冰箱拿出红酒，倒满随手取的马克杯，瘫坐在落地窗旁的沙发上。没点灯，路灯投下昏黄的光如薄雾飘着，杯里的酒如夜色一样醇厚，她喝了一大口，舌上的酸涩与喉咙的冰凉，到了心窝反而涌起一股暖意，仿佛填满了深不见底的空洞，也抚平了整日难以沉静的思绪。

玻璃上有模糊的倒影，那是她，只有在黑暗中，她才能找回那个模糊的自己。

孩子接连出生后，生活变得拥挤而破碎，屋里总有声响，夜晚总会被熄灭又亮起的灯击碎。她不敢再喝酒，因为她得担任理智的"驯兽师"，与孩子一起在笼里练习规律的行走节奏、优雅的捕猎技巧，以及温和的低鸣，甚至吼叫。

她得保持清醒，她的夜晚在孩子入睡后才开始，而睡眠却在孩子苏醒前便已结束。她追赶时间，也被时间追赶，仿佛在驱赶孩子的同时，兽笼里的她也被什么驱赶着。

她只是一头母兽，被残酷的生命驱赶着，而焦虑与紧迫刺激她发出了失控的怒吼。

＼＼＼

醉意如海潮涌来，晃动。

她想起蜜月时在无光的海滩上与丈夫喝酒，黑暗里，先生的笑脸透着幸福的光。那时她还不大能喝酒，一会儿便醉倒了，隔日醒来，民宿的落地窗外已大亮，仍昏沉的她慌张地问："昨晚我怎么了？"

丈夫端来咖啡，微笑着说："没什么，你只是又哭又笑的，说了一些'秘密'。"

"秘密？我到底说了什么？"

"不能说，那是秘密，等我喝醉了再告诉你。"

但之后，他们再也没那样喝醉过，夫妻俩连像那样安静的独处都未曾有过了。回想起那样的放纵，她有些迷恋，也有些生气，不确定那种自由却又失控的感觉是让她寻回了自我，还是失去自我。

猛然想起丈夫今晚不会回来，就像提及某件早已遗失的物品，让人有些失落，却没有太多的悲伤。

总是这样，突然收到丈夫一条告知加班的信息，然后丈夫就被她从来也搞不清楚的工作吃掉了。他会再被吐回来，但却像是块被嚼烂的残骸一样支离破碎的，再也没有那黑暗里也能清晰看见的笑容。

也好，她需要一个安静的夜晚，这个家已经太拥挤了，而许多时候就算多一具疲倦的躯骸，也只是显得更寂寞。

第一章 那些流不出的泪

＼＼＼

酒精仿佛驯服了一切，这时的屋里静得不可思议，方才她的咆哮、嘶吼都宛如幻觉，孩子的哭声也变得遥远而不真实。

但她明白，很快，"小野兽们"就会苏醒，而自己又会成为失控的母兽，就像一个小时前那样，变得连自己都感到害怕。

本来应该是个美好的夜晚，约定好说完故事就要睡觉，妹妹吸着奶嘴眼神迷蒙，哥哥却毫无睡意，眼皮像装了弹簧，怎么样都关不上。他翻来覆去，最后忍不住问："妈妈，妹妹为什么还要吸奶嘴？"

"嘘……因为妹妹还小啊。"她压抑着焦虑，轻声地说。

"可是她白天不用吸啊！"儿子也放轻了声音。

"她晚上要吸才能睡觉啊。"

儿子要求："我睡不着，我也要吸。"

"你是哥哥，你已经长大了，已经很久不用吸奶嘴了啊。"她突然觉得好累。

儿子不放弃："可是我今天睡不着，我想吸奶嘴。"

"妈妈没有你的奶嘴了啊。我们闭上眼睛安静一会儿好不好？马上就睡着了，这样明天才有力气去玩啊。"尽管疲累，她仍缓缓地温柔开口，试着安抚儿子，也安抚自己。

这失约的小兽，眼看就要吃掉这美好的夜晚了。

儿子闭上眼睛，但没多久就翻身坐了起来，在黑暗里就像只永远饥饿的小兽，哽咽地说："我没有奶嘴睡不着……"

"你可以的，而且我们家现在只有一个奶嘴。"她的语气变得强硬，原本柔软的毛在儿子的眼泪威胁下，不自觉地竖成了刺。

于是儿子展开了攻击，越过她，用力地从妹妹嘴巴里抽出奶嘴，塞进自己嘴里。一瞬间，她和女儿仿佛也都被抽走了呼吸，接着女儿的小脸开始涨红、狰狞，嚎啕的哭声如海底火山喷发，宣告了灾难的来临——又一只小兽苏醒了，熔岩流入她的胸口，哭声让空气沸腾。

她闭上眼，感觉全身用力烧着，一切都在燃烧，绝望地燃烧！温柔与赞美，拥抱与期待，宁静与晚安……所有努力和忍耐都白费了，统统在哭泣中被焚毁，转眼就要化为灰烬。

她睁大燃烧的双眼，像只杀红了眼的母兽。"你在做什么！"她将奶嘴从儿子嘴里抢回，用力丢到地上。"抢什么抢？两个都不要吸！"

儿子愣了一下像是被吓着了，张着的嘴随即开始哭吼，而女儿唤不回奶嘴，也跟着更用力地啼哭。

"哭什么哭？这么没用！统统都没用！什么都不会只会哭！"她对着两只野兽发出怒吼。

她再也不想努力、不想忍耐了！她只想使劲地哭吼、咆哮，尽情失控，变成发狂的母兽，一头疲倦、饥饿但真实的母兽。

第一章 那些流不出的泪

"再哭,再哭我就把你们统统丢出去!床是给人睡觉的,不睡觉就出去!"她瞪着他们,然后起身用力甩上房门。

背对着门,她止不住地哭了,在耗尽全力的愤怒之后,在孩子含着泪水噤声之后……夜幕被哭声击碎,而罪恶感也随着眼泪不断地涌入。

此时此刻,没有爱,只有恨——她是没用的妈妈,失去理智的野兽。

﹨﹨﹨

"我真是个失败的妈妈!我失控了,那时候竟然心想:'真后悔生下你们!'我忍住了没说,但忍不住去想。我很害怕……"在诊室里,她哀伤且自责地说。

"害怕什么呢?"我问。

"害怕我也变成我父母那样……"

她流下眼泪,没有恨,只有担忧的爱。

﹨﹨﹨

模模糊糊,她一直记得那个晚上,还有那一片伸手不见五指的黑。

或许是停电了,有狗吠、脚步声,还有铁门哀号般的摩擦声,在沉默的黑暗里忽近忽远地回荡。是爸爸回来了吧,浓浓的酒气从门缝流入,客厅里一阵翻箱倒柜声,有东西被摔碎了。黑暗里,那些声音变得格外巨大,却也有些不真实——真的是爸爸吗?还是坏人?或是外星野兽?

她跟姐姐躲在房里,什么也看不见,想象着各种可能让她们害怕或安慰的画面:是醉酒乱语的爸爸?还是抱起自己转圈圈时,那个温柔也不多话的爸爸呢?

突然,"砰"的一声巨响,所有画面都碎了!即使什么都看不见,她还是害怕地捂上了眼睛。

"你又想干什么?没有钱!整间房子让你翻过来也没有钱了!"她听见妈妈的怒吼才确认那是谁,是饥饿的野兽戴着"爸爸"的面具。

"干什么?我干什么要你管!你他妈的叫什么叫!"野兽也发出充满腥臭的怒吼。

桌椅碰撞,玻璃碎裂,然后是凄厉的哀号:"啊!你住手,疼……"

姐姐将自己抱得更紧,而她可以感觉到姐姐也在颤抖。她用力地闭着眼睛,却无法阻止那些声音不断地穿透黑暗涌来,她仿佛可以看见野兽撕咬得鲜血淋漓的画面。

第一章 那些流不出的泪

"怎么样！现在有钱了没？给我拿出来！"接着又是各种碰撞，仿佛星辰都在坠落。铁门哀号，凌乱远去的脚步声，狗吠，然后是一片宁静。

她从姐姐的怀中挣脱出来，打开房门，妈妈坐在歪斜的破旧沙发上，身边一盏倾倒的台灯仍亮着，但微弱的光像半闭着的垂死眼睛，屋里反而显得更黑。

黑暗中，妈妈的脸模糊难辨，但她脸上泛着几道缓缓流动的光，看不清是血，还是泪。

妈妈手里握着一个瓶子，微微朝她这里看了一眼，仰头就着瓶口喝了一口。她认得那个瓶子，它就藏在厨房里一个柜子的深处，妈妈偶尔会在深夜里拿出来，一点一点像是把什么珍贵的秘密静静喝下。

"那是药酒，大人喝了止痛补血的。"姐姐悄声告诉她。

"补血？"她疑惑地问。

"反正你长大就会知道了，小孩不能喝的。"姐姐神秘地说。

妈妈大口大口地喝着，浓烈呛鼻的味道弥漫着整间屋子。为什么这次不是一点一点地喝呢？是因为很痛，还是因为流了很多血呢？

她终于忍不住，大声地哭了出来，像在黑暗里落单迷路的小兽，哭出了所有的不安与恐惧。

"哭什么哭！我又没打你，还是要打才不会哭！"妈妈盯着她，将空了的酒瓶砸向墙壁。

姐姐冲了出来，抱住她。

"都是因为你们，不然我不用被关在这里！哭什么？哭就有钱吗？哭就不会被打吗？哭得大声一点，看你爸能不能早点死！"妈妈继续咆哮着，酒的气味将熟悉的一切都掩盖了，她听不懂妈妈在说什么，但就是止不住哭泣。

妈妈不是也在哭吗？

不！那不是妈妈，那也是野兽，戴着"妈妈"面具的野兽。

◣◣◣

长大后，她终于懂了那些话，也尝到了酒的滋味。酒是止痛的，但不是让痛消失，而是让"自己"消失。她太容易醉了，只有在信任的人身边才敢放心地喝，她总害怕自己体内也有像妈妈一样的野兽被酒召唤出来。

成为妈妈后，这样的恐惧更强烈了。她逐渐明白被囚禁的感觉，也更意识到内心那股想要挣脱的冲动。但她越是压抑，那头野兽却仿佛越是巨大，挣扎的喘息声也变得更清晰。

◣◣◣

"结果还是一样……"

第一章　那些流不出的泪

那个夜晚，她在醉意与罪恶感中迷蒙地看着玻璃上的影子，仿佛看见了妈妈。

"我想，还是不一样吧！"我眼前的是另一个妈妈，虽然同样哀伤与茫然，但却不一样。"当我们担心自己会变得跟别人一样时，就已经开始不一样了啊。你能够看见，也希望改变，这就是最大的不同，所以你才会出现在这里，不是吗？你需要的是多一些信心，还有对自己的包容。罪恶感只会让你失去力量，让你迷失，让你看不清自己。"

她在镜子里看见的不是自己，而是她妈妈的阴影。

ヽヽヽ

有时候，我们越是恐惧，就越是不自觉地往恐惧靠近，因为我们以为自己没有力量，只能绝望地臣服于熟悉的恐惧。

我们越是害怕成为野兽，就越会忘了去安抚自己内心的那头野兽，忘了发狂的它往往也正受着伤。怒吼，有时是最绝望的哭号。

幸好，我们都会长大。

我们将学会看见自己，并且看清镜子里的到底是自己，还是别人。我们将拥有力量擦去镜子的污渍，对着镜中的自己露出包容的微笑。我们期待改变，渴望改变，也愿意改变，于是我们将能变得不同。尽管仍做着噩梦，感到疼痛，但含着眼泪的我们将变得更坚强，怀着愤怒，但是更温柔一些。

我们将会从妈妈的影子里，看见不同的自己。

那个恐惧哭泣的女孩已经成了妈妈，成为一头被"爱"驱使的母兽，陪伴着横冲直撞的小兽，一同又哭又笑地受伤、疗伤，然后成长。

就像简媜在《谁在银闪闪的地方，等你》中所写的："我们总会走到够强壮的年纪，回身把记忆中那个啼哭的小孩解救出来。"

〰〰〰

又是夜晚，孩子们已经睡了，她坐在沙发上，享受这短暂难得的宁静。

丈夫回来了。他换下西装后到厨房倒了杯水，也走进黑暗里，静静地坐在她身旁。沙发晃动了一下，像船靠岸的瞬间。

"今天炖了牛肉啊？"丈夫问。

"啊？没有啊。"她狐疑地答。

"我看冰箱的红酒没了。"

"啊，被我喝掉了，呵呵。"她尴尬地笑着。

"没醉吗？"丈夫皱眉但笑着问。

"醉了也不记得吧。"

"嗯……我们真的很久没去海边了。"

"嗯嗯。"

真的好久了,连一起坐在沙发上这样说话,都隔了很久。

"那天你说了好多事情,说自己多么的讨厌酒,却还拼命地抢我的酒喝。"

"我到底讲了什么秘密啊?"她乘机追问。

"有好多我也不记得了,我只记得,你说你终于要实现你这辈子最大的梦想了。"

"最大的梦想?"

"你当时可是一边哭,一边对着大海发誓说的!"丈夫高举起手,逗着她说。

"所以到底是什么?"她焦虑地问。

"你说,你要当世界上最棒的妈妈。"丈夫看着她说,眼睛像以前那样闪着光芒。

她流下泪来,许久说不出话。"我真傻,这什么无聊的梦想啊!"

"对啊,所以说你醉了。"

"这梦想好难实现啊!真的好难啊……"她摇着头,流下了更多泪。

"我们不用当世界上最棒的,你已经是我们家里最棒的妈妈了!"丈夫依然定定地看着她,眼神疲倦但坚定。

"这算是安慰吗?"她又哭又笑地说。

"我这么累了,你就体谅一下吧!"

"好吧,你也算是我们家里最棒的爸爸了。"

丈夫举起水杯。"谢谢!干杯!下次喝酒请记得等我。"

"那你要先记得回家。"她用指尖在玻璃杯上弹了一下。

在黑暗里,他们又坐了一会儿。落地窗的倒影里,沙发像一艘小船,安安静静地载着一对疲倦而温柔的野兽。

不拥挤,也不寂寞。

我们都是野兽,有爱,也有恨,用同一张嘴亲吻,也撕咬,同一张脸狰狞,也微笑。"爱"与"恨"是兽性、天性,也是人性。

我们最深的恐惧,也是最强韧的力量。

女儿零零落落地扒完了碗底的饭,饭粒洒了一桌子,也粘在了脸上。

"带便当了哟!"我看着她说。

她赶紧跑到镜前端详,伸长了舌头,硬是将嘴边脱逃的饭粒抓回嘴里,然后像往常一样舍不得离开,继续满足又骄傲地欣赏镜子里那张橡皮糖似的、歪七扭八的小脸儿。

这有趣的平凡片刻,其实是所谓"自我"施展魔法的时刻。我们从镜中看见了"我",却不是"我",但又因此找寻到了"我",确认了"我"。镜子像是某种测验,见证着自我的成长变化。

第一章　那些流不出的泪

初生的婴孩仍沉浸在混沌里，镜中的影像与其余缤纷模糊的世界无异，那只是一张寻常的脸，他不明白也不在乎"我"是什么，"我"在哪里。从某一刻开始，他会拍打镜中的自己，惊慌、困惑、兴奋且好奇，这个在他之外的世界开始成形，而他也以逐渐成形的自我向外探索：那个"镜中我"跟"我"，为何相同却又相异？为何看得见却摸不着呢？再大一些，镜中的影像终于跟自己产生了连接，他明白那是我，却也不是我，于是"自我"的概念变得更抽象，也更具体，如同女儿对着镜子，一边观察，一边不断扭动改变"自己"的脸。

看着镜子，才能调整姿势，抹去脸上的脏污，想象自己在别人眼中的样子。渐渐地，这面镜子会更巨大、更复杂，整个社会与相遇的人都会像不同的镜子，反映着我们生命的种种面貌，塑造我们对自我的认识与评价。尤其是与我们最亲近，我们最在乎与最爱的人。于是这个好不容易看清的自我，又变得更模糊而复杂了。

但如果脏污、扭曲的是镜子本身呢？

倘若我们永远在凝视、追随镜中的影像，只以镜中的虚像为唯一的依据，我们便可能迷失，遗失真实的自己。面对一面失真的镜子，我们会变得茫然，自我怀疑，不敢确定自己是否真如镜中那般变了模样。

真实的我，到底是什么模样？

总是觉得自己不够好

在追寻完美的迷宫里,最后可能找不到自己……

我们是不够好的父母,还是足够好的父母?

包容所亏欠的,看见所给予的——

我们或许永远不够好,但要能看见,我们已足够好的部分。

闹钟未响,她便醒来,阳光斜斜地从窗帘的缝隙射入,切开阴暗的房间里,她独睡的双人床。

下午三点多,她没再赖床,起身拉开窗帘,窗外是傍晚喧嚣前的宁静,上班族都在外面工作,老旧的社区内只剩下老人与孩童的闲聊嬉笑。孩子需要未来,而大人只有现在,只好牺牲一种责任以承担另一种责任。

她扫了一下屋子,洗好米放入电饭锅,切了半颗包菜,晾好睡前放入洗衣机里的衣服,匆匆赶往菜市场。回来做了培根炒包菜、西红柿炒蛋,用调料包煮了一小锅奶油玉米浓汤,加上市场买回的肉卷,摆上餐桌,便又仓促出门。

在去往学校的路上,到面包店买了隔日的早餐,接到孩子,母子三人挤在小小的电动车上,在柏油路烙出山一般的侧影,夕阳仍炙热,汗贴着汗匆匆赶路。

回到家,是一连串的驱赶:吃饭、写作业、收书包、洗澡、准备睡觉,她自己也在孩子移动的间隙里吃饭、倒垃圾、洗澡、喊叫,然后喘息。

丈夫回来了,他不需要被驱赶,但需要填补饲料。疲惫与匆忙剪碎了夫妻之间的谈话,她急着交班,言语里的责任多于情感。

收拾好餐桌,丈夫负责洗碗,她将剩余的饭菜放入冰箱,在门上贴了五颜六色的便利贴:"明天早餐吃冰箱里的三明治。""妹妹穿新袜子,旧袜子已经破了!""哥哥参加夏令营的钱放在餐桌上啦!""提醒爸爸,新的衬衫挂在左边的衣柜里了。"

很奇怪,口头叮咛得再多都不如这些便利贴有用。

或许是一种从小的依赖,每当我们走近冰箱,总习惯打开看看里头有些什么能够填补、满足自己——里头有光、有水、有食物,还有被遗忘的东西。于是,在彼此错过的生活里,冰箱内传递了食物,冰箱外传递了言语。

如此,是冰冷,还是保温?是疏离,还是连结?是永恒,还是过期的爱?

晚上七点半了,她出门上班,从晚上八点到隔日早上八点共十二个小时的大夜班,工厂的作业线像冰箱马达一样二十四小时运转,她被放入半天,然后再解冻半天。她想起忘了跟孩子说晚安,但时间不分昼夜毫不停歇地前进,而疲惫的自己,早已远远追不上。

、、、

下班了,她逆着车流回家,在早餐店买了迟来的"夜宵"。这是多数人一天的开始,但她不确定这算是她一天的终点,还仅是短暂喘息的缝隙。

回到空无一人的家,她下意识地打开冰箱,确认孩子带走了早餐,然后一张张撕去昨夜贴上的纸条。接着坐在餐桌旁吃了点东西,收拾好一大两小遗留的残迹,把散在地上的脏衣服放进洗衣篮,仿佛可以看见他们慌乱出门的样子。

最后她终于能回到房间,拉紧窗帘,开了灯,在虚构的夜晚里躺上床。打开手机看了看未读的短信,一些早安问候总会莫名地激

第一章　那些流不出的泪

起她丝丝的厌恶。

她深吸一口气，捏了捏自己酸痛的肩膀，将手机设好闹钟放在身旁，熄灯，钻入短暂被世界遗忘的黑暗里。然而，声响与微光断断续续地侵扰她的睡梦，她仿佛睡了很久，如漫长的爬坡，费力而沉重。

隐隐约约间，听见了手机铃声……

〈〈〈

铃声是从房间外传来的，她起身开了灯，开始寻找手机。

走过餐桌，怎么又恢复了凌乱？她踩到孩子脱下的睡裤，看到女儿没穿上的新袜子。铃声从厨房传来，蟑螂从脚边窜过令她尖叫了一声，昨夜的垃圾竟忘了倒，果蝇在酸腐的气味中萦绕。

她捂着鼻子静静听，突然闪过一个念头……打开冰箱，瞬间，铃声跟着一阵冷流汹涌地袭来，手机竟躺在早餐的三明治上剧烈地颤抖！

她全身发寒，这时才从睡梦中惊醒。

〈〈〈

手机的确在响，屏幕显示是儿子的老师打来的，她赶紧坐起来并按下通话。

"铭峻的妈妈吗?抱歉,打扰你休息了,我是晓薇老师。"

"啊!晓薇老师,不会不会,我刚好起来了。"

打开灯,墙上的时钟指着下午一点。

老师有点迟疑地说:"辛苦了,嗯……我想这件事情还是要尽快告诉您比较好……"

"嗯,老师请说。"她的心扑通扑通地跳。打架?受伤?生病?从树上摔下来?还是被闯入学校的人攻击?各种灾难的画面在她的脑中浮现。没事的,一定没事的,只是小小的麻烦而已,窗外依然是一片祥和的阳光。

"妈妈先别担心,是这样的,铭峻今天要交夏令营的费用……"

"我有提醒他啊!他忘记带去了吗?"

"啊,不是的,妈妈听我慢慢说。"

"哦,不好意思。"她在心里安慰自己,不是意外就好。

"铭峻今天早上交夏令营的钱,他说他忘记带了,后来有同学偷偷告诉我,铭峻其实有带,但他抽了里面的钱去订麦当劳,我还奇怪怎么没听妈妈说今天要送麦当劳过来。"

"啊?"她轻叫一声,不知该怎么反应。

"我趁午休时间找他来问,他才说因为每天都被同学嘲笑早上只有冰冷的面包可以吃,今天就偷拿夏令营的钱假装你买麦当劳给他。"

不是意外事故,却是她心中巨大的意外。

第一章 那些流不出的泪

老师继续说:"我问他那钱怎么办,他说他也不知道,一时受不了同学嘲笑:'你的妈妈是冰箱啊?'他很生气,就没想那么多了。铭峻很后悔,一直哭着请求我不要告诉你。我对他说:'因为这是重要的事情,老师和爸爸、妈妈都很关心你,所以我还是得讲,但我会好好把你的委屈跟妈妈说的。'"

"……嗯……谢谢老师……"她勉强挤出这句话,同时想起了刚刚的噩梦。

"冰箱妈妈",呵呵,其实也没有错啊!只是,只是……她伤心、愧疚又愤怒,在心中嘲笑、厌恶自己,却也可怜起自己。

她没能保护好自己的孩子。没有时间,没有筋疲力尽后的余温,她交出去的心也冰在冰箱里,来不及在阳光里解冻去温暖自己的孩子。

﹀﹀﹀

再也睡不着了,她失神地坐在床上想着:"该怎么跟孩子谈这件事呢?"

她失望吗?那是对孩子,还是对自己?要跟丈夫说吗?最近他被工作压得喘不过气,只会对孩子进行一次严厉的批评吧。

她开始整理家务,但无心思索如何准备晚餐。打开冰箱,还有蛋和昨天买的卤牛肉与豆腐。孩子们的早餐三明治不在冰箱里,厨房里没有看见蟑螂,垃圾桶里只有自己睡前丢的塑料袋——那真的只是噩梦啊！多希望老师那通电话也只是噩梦的一部分。

在网上搜索了几个关键字："说谎""偷钱""犯错"，希望能查到有用的信息，帮助她面对突然变得如此陌生的孩子，但信息淹没了她，反而让她更分不清方向。说谎、偷钱的孩子很多，但她总觉得自己的孩子"不一样"，他是犯了错，但似乎又没有错。

无助的她决定在论坛上直接发帖询问，一下子，回复的信息便如浪涌来，有安慰、祝福和指责，也有长篇大论的训话。很多人转发专家的亲子沟通文章，不少人建议她跟孩子的老师讨论，也有一些人推荐书籍或绘本。

她无法静下心来，只能勉强看几篇简短的文章，故事里的父母都很温柔、很理智，总能耐心地倾听并引导孩子，当孩子情绪混乱的时候，陪他沉淀，当孩子思绪卡死的时候，助他转弯。而那些伤心、愤怒或顽抗的孩子，也总能奇迹般地获得抚慰、力量、成长与爱。

这些离她太遥远，她做不到，没有时间，没有智慧，也没有信心。

她现在只觉得自己不够好，是个失败的妈妈，就像那些尖锐的留言所说："没有坏孩子，只有不够好的父母。"

她疲倦地流下泪来，深深被刺痛却无力反驳，委屈却又自责。但她没有时间继续自怨自艾，洗了把脸，将冰箱里的食物摆上盘，

第一章 那些流不出的泪

端出皮蛋豆腐、将酱牛肉放入电饭锅蒸热,然后煮了味噌豆腐汤。

她很依赖、也很感谢冰箱,从小,她的妈妈也是如此。只是她未曾想过自己也是一个"冰箱妈妈"。

＼＼＼

她提早出门去学校,犹豫了一阵,半路还是在面包店买了孩子的早餐。将缺额补交给老师时,匆匆谈了几句。

"他是个好孩子,您再好好跟他说吧!"老师也只能如此安慰。

"好,不好意思,麻烦老师了。"她拼命点头,好似在为自己的无能道歉。

女儿跑出校门,儿子低着头在后头缓缓走着。三个人上了车,挤成一座山,她在心里反复练习了一些话,却终究没有说出口。

时间催促着脚步,她和儿子都假装一切如常,因为也没空多说些什么。出门上班前,丈夫还没回家,她没什么要交代的,只在冰箱上留下一张字条:

早餐除了三明治,还有蛋糕哦!

虽然依旧是冰的,但希望他们吃在肚子里时,能感受到多一些温度。

〉〉〉

在工厂坐她隔壁的是年纪轻轻就从外地嫁到本市的阿珠,故事并不如预先设想的美好:前夫酗酒、家暴,阿珠被打到流产和骨折,离了婚,她独自抚养两个上中学的孩子。长长的疤痕藏在阿珠的长裙底下,如果不说,粉妆晕红的脸上看不出生命的沧桑与裂痕。但摸她的手就能知道。

阿珠总是谈笑般聊着过往的痛苦,只有抱怨起手的粗糙时,才会皱起眉头。

"哎呀!结婚太可怕了,但如果谁能帮我找到有用的护手霜,我就愿意再嫁,哈哈哈!"

〉〉〉

休息时,阿珠看出她心神不宁,抓着她的手问:"你怎么了?怎么看起来比平常更累啊!"

她告诉阿珠她的烦恼,虽然自己年纪较大,但身为一个妈妈,她所经历的远远不及阿珠。

阿珠静静听完,用散发香气的粗厚掌心抚着她的手说:"当初,我光是活下来,就是一件很辛苦的事了!我才不管我是什么妈妈,因为现在我知道我是靠自己活下来的,只有活下来的妈妈,才有办法继续当妈妈,我们问心无愧!"

第一章　那些流不出的泪

她忍不住流下泪来。是吗？她还没有阿珠苦，有资格这样说吗？

"你放心，你儿女会懂的，有空慢慢听，他们就会慢慢说，我家的孩子也是这样。"

休息时间到了，她们慢慢走回生产线，阿珠戴上手套，藏起镶满水钻的彩绘指甲，嘴里念叨着："真是莫名其妙，谁家的妈妈不用冰箱啊！"

＼＼＼

走出工厂，阳光亮得有些不真实，她突然有点害怕回家。在超市喝了一小杯咖啡，等到十点，书店开门，她踏入了工作之后几乎再也没有来过的书店，没有目标，只有心里的空缺，还是得找些什么来填补。

书架上摆满了关于教养的书：德国、法国、北欧；医生、老师、心理师、艺人、名人；注意力、情绪、发展、大脑、品格、爱……她在书墙围成的迷宫里打转，看着书封上不同爸妈与孩子的脸，没有一张是跟自己一样的。

"大夜班的冰箱妈妈"，她需要这样一本书。

最后她被一本封面是孩子彩色涂鸦的小书吸引，她在自家墙壁上见过那样的涂鸦，然后骂了孩子一顿。这本书是河合隼雄的《孩子与恶》，作者看起来是日本有名的心理学家，而吸引她的不知是那歪七扭八的涂鸦，还是封面上书名暗红色的"恶"字。

她从目录快速翻到了"偷盗"的章节，看不懂里头许多深奥的比喻与故事，但《想要的东西是什么？》里那个偷文具女孩的妈妈的心情，她却能深刻明白。

"身为妈妈，接下来该怎么做才好？她失去了方寸。虽然当下温柔地对待孩子是好的，但是如果自己代替孩子到文具店去道歉，以管教来说，未免过于宠溺。但是，让孩子自己一个人去道歉，对小学二年级的学生来说，压力也太沉重了。话虽如此，那么自己好不容易长久以来严格的管教，又算什么？"

她没有找到答案，反而带着新的疑惑离开：那，孩子想要的东西是什么呢？

`、、、`

她临时拨了电话，约好到学校找老师聊聊。
"妈妈怎么有空？"老师看着疲惫的她问。
"反正睡不着，想想平常也抽不出时间，干脆现在来找老师好了。"她苦笑着说。
"嗯嗯，一定还是很烦心吧？"
"是啊……"她忍不住长长叹了一口气。

第一章 那些流不出的泪

"跟铭峻谈了吗?"老师问。

"还没……老师,我不是专家,实在不知道从何谈起啊!"

"我们也都不是专家,只是比较有经验而已。而且,妈妈你是最关心铭峻的人,也是铭峻最在乎的人啊。"

"是吗?"她不确定。冰箱上的留言算是关心吗?而孩子的错,是出于在乎吗?

她跟老师谈起《孩子与恶》这本书,以及自己无助又矛盾的心情,还有不停萦绕在心头的疑惑:孩子想要的究竟是什么呢?

老师沉默了一会儿,说:"早上铭峻特意来跟我说对不起,我问他和妈妈谈了没,他也说他还不知道怎么跟你说。我想,这孩子没特别想要什么,他只是想保护妈妈而已。同学的嘲笑让他很生气,他说,他知道你很忙,很辛苦,但无论如何,你都不会漏掉他和妹妹的事情,每天打开冰箱,一定有他需要的东西。所以,他才忍不住想让同学闭嘴。"

"是吗?"她的眼圈泛红。"我一直在想,孩子想要的是不是我没有的、永远无法给的,我只是让他被人嘲笑,让他觉得丢脸,所以他决定什么都不再告诉我。"她哽咽着说完。

她以为自己所给的都是冰冷的,她以为自己是个看不见孩子的需要,也不被孩子需要的妈妈,因此,她被抛弃了,连同那冰冷的早餐,被孩子用谎言抹去了。

孩子是要保护她,还是保护自己呢?如果她保护不了孩子,那么她应该感到高兴吧,至少她的孩子懂得保护自己。

老师抽出纸巾递给她。"人的心思是很复杂的,很多时候,我们大人也搞不清楚自己在想什么啊,更何况是孩子。或许,他对你真的有很多矛盾的想法,生气的、觉得丢脸的等等,但我可以确定他也是真心想要保护你,并且感到愧疚。如果心里头善良的那一部分能被你发现,他一定会很开心的。"

她接下纸巾,但怎么样都擦不干眼泪。

＼＼＼

回到家,她已疲惫得无法再做多余的事。

她绕过冰箱,将衣服丢入洗衣机,餐桌意外地很干净,而家,还是一如既往地空荡荡。

她犹豫了一下,还是打开了冰箱,早餐不在了。关上门,准备将昨晚留的便利贴撕下时,却发现门上多了一张便利贴,上头是儿子工整的字迹:

妈妈,谢谢你,蛋糕看起来很好吃!

铭峻

下排则是女儿有些俏皮的歪斜笔迹,最后还画了一个流口水的

第一章 那些流不出的泪

爱心。

谢谢你,妈妈。明天也可以有蛋糕吗?

可芯

好不容易干了的脸庞又流下泪来,她觉得既开心又骄傲,身为妈妈的她被孩子保护了啊!这一刻,心里的空缺被填满了。

她找回了孩子,也找回了自己。

无论媒体如何革新,大众总是强烈地渴求关于教养孩子的信息:杂志、书籍、微博、微信公众号、论坛、直播……纷乱的信息迅速地大量袭来,教养之路不再是笔直的,家长的方向感也不能再依靠直觉。

什么是"爱",你不再有信心说得出口。

我们害怕自己不够细腻、不够温暖、不够完美,总认为自己扮演的镜子不够明澈,守护的堡垒不够安全,给予的回应不够包容与及时,付出的爱不够无私、无瑕。

于是,教养成为严苛的专业,焦虑的父母们成了信息的俘虏,困在庞杂的迷宫里,茫然无措。过多的指引没有让你更靠近孩子,反而令人更加焦虑、无助,像被数个指挥同时拉扯的乐团,忙着跟随,也跟着混乱,最终无法聆听,也发不出声音。

在迷宫里，你找不到孩子，最后也找不到自己。

这些渴求来自焦虑，而焦虑出于未知。

生命与成长是未知的，在那一刻到来之前，我们很难明确地知道自己会成为怎样的父母，孩子将拥有怎样的灵魂，但我们试图用有限的已知去预测一切，去耕耘、埋下种子并修剪自己、改变陪伴的光影，将自己的脏污反复地清洗、消毒，让孩子拥抱无菌，毫无犯错致病的可能。

父母是土壤、水，也是阳光，但他们必须把沉重、潮湿、灼热与阴影都留给自己——父母的拥抱必须温暖而不令人窒息，靠近陪伴却不压迫，目光给予希望，但没有欲望。身为父母要能被依靠，但不被依赖，对孩子要支持、倾听、尊重、信任，然后放手。

他们要让孩子拥有父母，但自己不能占有孩子。他们无法掌控未知，但得承担未知。

如此，怎能不焦虑，怎能不害怕？害怕不完美的自己无法成为完美的父母，害怕自己不够爱、不懂爱、没有资格去爱！

其实，任何人都渴望自己的歉疚能被包容，善良能被看见，也期待自己的索求能被包容，而给予能被看见。孩子是如此，父母也是。

"对不起"是索求，"谢谢"是给予。

彼此都看见了爱。

第一章 那些流不出的泪

罪恶感或许源于爱，却不是爱

选择破碎的婚姻，还是破碎的情感？

离婚永远是个选项，但不该是贸然的选择，而是在安顿自身情绪的前提下，努力为维系婚姻而付出后，你永远拥有权利的选项。

孩子不该被牺牲，但牺牲自己并不能保护孩子。表面完整的家并不等于完整的爱与照顾，同样地，也不等于婚姻里完整的你。

瘦黑的脸上有几滴溅洒的白漆，因蒙了尘垢而显得灰黯。手臂上的肌肉线条锐利，但仿佛没了力量，仅仅虚弱地垂着，裹着汗与油污，承受了炙热与疲倦，但总想象不出那双手展现力量的样子。那手，干干扁扁的，跟他的自信一般怎么样都膨胀不了。

他低着头坐下来，轻薄的白汗衫缤纷得如一幅抽象画，沾染着现实。

他的专业是在墙上作画，用刷子和滚轮蘸上油漆，层层叠叠地来回画一面墙。尽管工作内容单调，但上漆的厚度、浓度，刷子的起落、滑动及墙面的刷痕、油漆凝结的凸起……总还是有美丑粗细之分。

在素色的墙上，湿度、温度、阳光和风都被画了进去，但这是一幅极其现实的抽象画，以尺寸与油漆计价，明明没有一幅是相同的，你却看不出差别。就像他们这些油漆工一样，没人看得出他们有哪里不同，报价单上只写着油漆，没有名字，只有他们知道哪面墙是自己一抹一抹画出来的。

但那又怎样？大家一看见他就知道这是个刷油漆的，也只是个刷油漆的——脸上、头发、衣服和鞋子上，只有洗不掉的油漆。

一辈子，只有洗不掉跟刷不完的油漆。

＼＼＼

"你一辈子就只能是这样了，我不想把我的一辈子也赔进去！"

前妻离开前这样对他说，他没有否认，因为连他自己也这么认为。

第一章　那些流不出的泪

离婚时，前妻已有了新的恋情，他怨，但不恨。前妻割了双眼皮，闪烁的睫毛底下泛着泪，缎面连衣裙剪裁得时尚又性感，粘贴着细钻的手指颤抖地拿着一只黑亮的真皮包，他看不懂那英文牌子，也看不懂前妻，只知那些高级的东西与承诺不是自己给得起的。

他怨自己，但没资格恨眼前这陌生又遥远，正重新绽放的前妻。他缩着身子，怕油漆弄脏了前妻的新衣与新人生。

有资格恨的是前妻，是他让她提早枯萎，给了她痛苦与绝望，如今，她只是将一切归还给他。

"我不会再为你哭了。"前妻倒吸了一口气，终究没流下泪来。

的确，她已为这段关系流干了眼泪，曾经会痛的心已死，她得彻底离开这充满油漆味道的屋子，才能呼吸到自己的空气，闻到自己的芬芳。

＼＼＼

他是在当油漆匠学徒的时候认识前妻的，当初未满二十岁的她在亲戚家开的服装店帮忙，而刚满二十岁的他每天一下班，就急着找理由到店里跟她说话。

"又要买新衣服？"

"对啊！没办法，又沾到油漆了，洗不掉。"

久了，彼此心里有数，他假装无奈，而她也假装无知地笑。

"又要去外地做工程了，这脏衣服你就帮我处理吧！"

这些沾染油漆气味的衣服像试探一般，一开始，她勉为其难地收下，后来那成了信物，跟爱情一样。

他开始在衣服上以油漆留字，最初只是写着密语般的工作地址、日期，后来成了问句，而女孩总会在下次见面时，将答案塞在新衣服里。

在去一个很远的工地工作前，他告白了，然后心跟着车在路上颠簸，许久没晕车的他那次竟吐了。他在衣服上写的不只是问句，还有承诺：

我会为你漆上彩虹，陪我一起看好吗？

二十出头的承诺像彩虹一样迷人，但只停留在青春里。雨会停，彩虹也会散，只是雨总会再下，彩虹却不一定会再出现。

潮湿给人生带来的终究是不断的锈蚀，即使抹上了层层油漆，总有一天，底下的空洞还是会将人生穿透。

`、、、`

他回乡之后，女孩不顾家人的反对和他同居，以为爱情从此靠

第一章　那些流不出的泪

了湾,却不知爱人的心仍在漂泊。

他从油漆学徒做起,工钱现领现花,如河水一般源源不绝。他的墙刷得又快又平整,颜色也调得均匀、准确,凭着一些天赋和个性的豪阔,很快就当上了师傅,但他在工地上学会油漆,也学会了喝酒和赌博,薪资涨了,酒量也随着快速涨潮。

他带回的钱跟酒臭都越来越多了,但女孩却不知道,这个站在高梯子上工作的男人,在外喝的酒多了,没带回家的钱也更多了。

女孩怀孕后,两人热热闹闹地办了流水席,他送上闪闪的金饰,炫目的光芒映在岳父岳母的脸上,看不清是哭是笑。他醉了一夜,风光得如一场梦,隔日还是穿着溅满油漆的工作服,喝口酒,继续爬上长长的梯子刷油漆。

但天花板就那么高,不管怎么爬,他总是爬不出人家的屋顶。

越爬越高,大家都称他"师傅",酒和油漆的气味让他飘飘然,怎么也想不到自己会有摔落的一天……

朋友开始容不下他的气焰,丰厚的工资也禁不起他酒后的挥霍。终于,他与以前跟随着学油漆的师父决裂,换成跟成天巴着他喊"大哥"的朋友鬼混,以为那才叫真心与义气,才是欣赏他、懂他。其实,他们只是捧他、黏他、灌他、酸他,然后坑他。

没有合作的工程,工作少了,酒和应酬却多了,赌博更成了填补时间与情绪空洞的膨胀剂,他的人生不断崩裂,却以为一切仍牢不可破，必然能撑过这暂时的风雨。

"师傅，别怕啊，出来才有自己的天空！不然怎么能爬得更高呢？你这种才能是要飞的人，现在没束缚了，先休息一下，飞上去之后，我们都要靠你挣吃挣喝呢！"朋友一杯接着一杯地帮他倒酒，但酒钱他付，毕竟他是要飞的人。

ゝゝゝ

他在身上纹了只眼神凶狠、展翅飞翔的老鹰，名片上也印了一只衔着油漆刷，在天空刷出一道彩虹的老鹰——"鹰虹油漆"，他说这就叫"英雄"。

然而，尽管他的手艺真的不错，听得到的人却不多，飞得越高，他显得越安静而孤寂。想当老鹰就得自己打猎，就算饿着肚子也得飞。

ゝゝゝ

渐渐地，他生活得越来越勉强，身上的钱只够自己买酒喝。朋友不傻，他也不傻，于是他成了孤鹰，没钱赌博，只剩酒是他的朋友。

回到家后，他总是醉醺醺吐一地，妻子开口要钱，他茫然睁大

第一章 那些流不出的泪

了血红的眼,嘻皮笑脸地贴着她说:"明天就有了。"

"那今天的呢?又去买酒了!"妻子嫌弃地捂着口鼻。

"不喝酒,明天怎么赚钱?你不懂,我也不愿意啊……不喝会死的!"他撑着眼皮继续赔笑说。

"那你儿子要吃什么?"妻子红了眼眶。

酒意瞬间退了。他想起了那个需要父亲的儿子,却想不起有多久没听见儿子叫爸爸了。

"孩子睡了吗?"他摇摇晃晃地走向儿子的房间。

妻子挡在房间门口将他挤开。"不要吵醒他,你臭死了!你这样像当爸爸的样子吗?"

还在高处时,他很早就上工,很晚才回家,儿子醒来总吵着要找爸爸,于是他常站在长梯上,一边刷墙,一边夹着手机陪儿子童言童语。"对啊!爸爸也在画画啊,跟你一样哦!"

跌落后,他很晚出门,更晚回家。清醒的时间不多,留给儿子的时间更少,几乎只有儿子哭闹的时候,他才会烦躁地醒来,对着房外那对孤单的母子怒骂:"会不会带孩子啊,吵什么吵!"

某日又被哭声吵醒,宿醉的他愤怒地推开门,将客厅里整箱的玩具踢翻。"哭什么哭,哭丧吗!不要玩,全部拿出去扔掉!"

以前,他每晚都会带玩具回家,说是画画比赛的奖品。

玩具散落一地,哭声转为啜泣,接着是憋着气的沉默,之后,他便鲜少听见儿子叫爸爸了。

一阵晕眩，他抱着头靠墙蹲坐下来，再也无力起身。

妻子轻轻地叹了一口气，他却听得一清二楚，这口气像一阵风，不是让他重新飞起，就是让他趴得更低。

"你儿子要去上幼儿园了，我也决定要出去工作。"

他继续低头不语。幼儿园啦？这么快？

"等不到你的人就算了，连钱也等不到……我不能再等下去了。"

他抬头看见妻子眼里的泪，仿佛泛着彩虹。那阵风中，还有最后一点点的温柔。

他挺直腰站起身来，张开双手将妻子抱进怀里。"对不起，你先去工作没关系，等我——"

"我没办法再失望了。"妻子垂着手，颤抖地哭着。

"我知道，是我不好……我过去太失败了。"

妻子缓缓以双手圈住他的背，发现他竟变得如此消瘦。"但是……我想跟你过的是未来。"

"我知道，我会先把酒戒掉。"他信誓旦旦地说。

"我不喜欢酒味，我比较喜欢油漆味。"妻子将头倚在他肩膀上，却依然无法放松。靠着这个只想飞却站不稳的男人，她分不清自己心里的"希望"与"不安"，哪个比较多。

第一章　那些流不出的泪

╲╲╲

终于，他再度张开翅膀，像当初为女孩献上承诺与彩虹那般，也像身上那只眼神凌厉的老鹰。他以为自己可以再度高飞，飞越与妻子之间，那道不断陷落的鸿沟。

风在心里呼啸，他重新振作，四处打电话询问，遇到工地做整修，甚至闻到油漆味，就厚着脸皮进去递烟和送名片。

"多大片我都漆，半夜我也可以配合，有需要就找我！"他飞得低低地，只希望别再坠落。

"哦，你的名字我听过，不过这次不行啊！我们这个都包好了，下次有机会再麻烦你。"对方总是勉强堆起微笑，瞧了一眼名片就塞进口袋，"烟就免啦，最近不打算吸烟。"这些人也都刚好，正在戒烟。

四处碰壁，只有零星的缝隙能稍稍容身，但那点风根本吹不动什么。没想到，人与人之间筑起的墙竟高到他无力飞越，而讽刺的是，本该赖墙为生的他，如今却被墙死死地困住。

他只好往外地飞去，飞到闲话吹不到的地方，收起翅膀，乖乖装成一只不会飞但吃得饱的鸡，住在鸡窝般的宿舍里，勉强挣到了饲料。

但他也重新过上了喝酒、赌博的生活。

"为了交朋友啊，必须要应酬！难道要像之前那样断掉人脉，把钱路也变死路？"他不耐烦地在电话这头醉醺醺地说："我知道，我自己会节制，你把孩子照顾好就行了，我又不是小孩子了……"

╲╲╲

一开始，他打电话回家的次数减少了。渐渐地，妻子打电话来时，他也越说越短。"你收到钱就行了，还要怀疑什么？"

最后，他可以一整个星期都不接电话。

他很久才回家一次，总是倒头就睡，醒来时准备给妻子一个拥抱，妻子推开他，撇过头说："我跟你说过我讨厌酒味。"

"你摆出一个臭脸给谁看。天天疑神疑鬼，没怀疑你就不错了"他拿出牛皮信封装的现金丢在妻子身上，悻悻然地甩门离开。

一去又是好几个星期，而信封里越来越薄的现金，能撑的日子也越来越短。妻子很清楚，丈夫不会再飞了。

妻子早有自己的打算，她得让自己活下去，才能救自己跟孩子。

心死之后她才发现，原来"希望"与"不安"可以同时消失。

╲╲╲

他开始到处漂泊打零工，以为自己是在迁徙中迷途的老鹰，其实却只是一只为了饲料而不断被转卖的鸡。

赌博令他焦虑,而酒让他的手颤抖,他再也没办法专心作画,潦潦草草地,只想赶紧将油漆泼上墙,管它匀不匀称、牢不牢固,铺满就好,就像那些他不知该如何应付的空虚与失落。收了工钱就换成赌资和酒,盲目地泼洒,能将心里的空洞填满就好。

家呢?每次回去,都变得越来越遥远和陌生。

妻子没说在做什么,他也没问,只知道衣柜里的衣服都长出了华丽的羽毛,屋里飘散着浓浓的香水味,混着自己的酒臭,令他头痛欲裂。他再也没留下牛皮纸袋,因为羞愧得拿不出来,自己已经养不起这个女人,更养不起这个家了。

某次,在桌上看见妻子帮儿子填写的贫困助学金申请表,让他更确认妻子已对自己不抱期待,愤怒而孤独的他,更肆无忌惮地封闭、放弃自己,就像墙角那大片大片无声剥落的漆。

掏不出钱了,他开始喝起米酒,整天斜躺着看那些墙,放任生活与墙一起崩裂,再也搞不清楚:晃动旋转的是墙,还是自己?

这个家的墙是儿子出生前,他亲自粉刷的——认真地抓漏、防水,再调色,像真的对待一幅画、一件骄傲的艺术品。那时仍高飞的他信誓旦旦地向妻子保证,这墙上的漆将比墙里的砖头还经得起时间的考验。

但他高估自己,也轻视了时间……

〉〉〉

倾倒的酒瓶、他、剥落的墙……
前妻看着停滞的这一切,离开了。

洗了把脸,他签下离婚同意书,什么都不要,离婚就是要干脆,不是吗?孤独就要彻底,断离就要干净,犯错就要认错,翅膀断了,就别乱挥舞。安安静静地顾影自怜,别醒来,多好。

昏昏沉沉间,前妻一点一滴将他的心与房子,一同掏空了。

屋子变得很大,灯光好刺眼,许多儿子小时候的涂鸦从搬开家具后的墙面上露了出来。那时候他生气吗?打了儿子吗?还是觉得儿子是像毕加索一样的天才,顽皮又可爱?他不记得了,或许他根本没看过,孩子的妈妈总在他回家之前就用家具挡了起来,免得喝醉酒的他又要冲进儿子房里发飙。

是吗?原来他一直不认识这个家,现在这空荡荡的样子,才是家吧?

〉〉〉

儿子的监护权给了前妻,刚上小学的儿子懵懵懂懂的,以为和妈妈只是为了上学而搬家,消失的父亲只是到更远的地方工作。

第一章　那些流不出的泪

约好了每周一天他到学校接儿子放学，一起吃晚餐，但他迟到了好几次，原因还是酒。

"你到底要怎样！你竟然喝了酒骑车来载他，你要死自己去死！"前妻愤怒地在电话那头说，而他醉得连手机都拿不稳。

于是好几个月，他都没能见到儿子，也几乎没有再接到前妻来电。原来没有他，他们真的可以活得好好的。

某天傍晚，他被手机铃声吵醒，来电显示着妻儿的合照，他颤抖地滑开屏幕接通，耳边传来的却是儿子落寞的声音。

"爸爸，我趁妈妈洗澡，偷用她的手机打的，我只能讲一下下。"

他坐了起来，头像是被重击，心跳加速。"嗯嗯，没关系，呃……吃了饭没？"一时之间，他不知该说什么。

"我正在吃番茄鸡蛋面。爸爸，我只是想问你，你去的地方真的很远吗？为什么我这么久没看到你啊？"

"啊……真的很久了。这里很远啊，开车要开很久。"

"那个地方叫什么名字啊？我们学校有一张大地图，我可以问我们老师。"儿子天真地问。

"你说地名吗，可是这里是很偏僻很偏僻的小地方，要像蚊香一样绕好多个圈圈才会到，地图上不会有的。没关系，我快回去了，真的，你再等我一阵子。"他忍住哽咽，努力用轻松的语气说。

"哈哈，蚊香啊，好，妈妈要出来了，我要挂了。爸爸，不要太久哦，拜拜！"儿子笑着道别。

"拜拜，拜拜。"他挂断电话，靠在斑驳的墙上，像一座正在崩塌的山，不断不断地颤抖啜泣。

原来，还有人在等他。

╲╲╲

出现在诊室里的他像只掉光了羽毛又淋湿了的鸟，瘦弱无力，不住地颤抖。他断然停了酒，于是酒精的戒断反应像风暴一般的袭击了他，意志力虽然让他勉强维持清醒，却撑不住这残破的身体。

我向他解释，戒酒是对的，但方法却是错的。突然戒断酒精就像将溺水的人一下子丢到沙漠里，他依然有生命危险，只是从一个尽头掉到另一个尽头。

帮他安排住院后，过了很长一段时间，他才又出现在我面前。度过了戒断的危险期，瘦黑但不再虚弱的他眼神里有了光芒，身上的酒味也变成了油漆味。

持续戒酒，回归工作，也不再以赌博填补空虚。虽没过去飞得那样高且气势昂扬，但至少，风流动了。

"我终于有脸见我儿子了。"他说。他的生命暂时有了目标，而这正是面对空虚最有力量的方式。

"前妻呢？她怎么说？"我问。我知道那避而不谈的，往往也是心中最难摆脱的。

"我住院时，她来看过我。我欠了她很多，但那已经不是我还得起的了。至少……她知道我现在真的戒酒了，也答应恢复我和儿子的晚餐约定。"

他的声音里仍有颤抖，但那是情绪的颤抖，而不是酒精的。

我为他开了平复情绪与助眠的药。他仍需治疗，甚至可能是一辈子的伤与痛，但至少他暂时停止用酒精止痛，停止用自弃来伤害自己。

＼＼＼

我想起挪威作家佩尔·派特森（Per Petterson）的小说《长夜将尽》，那是一个充满寒冷冰雪的故事，关于失去父亲与失去自己的父亲角色的故事。父亲因船难离世后，主角经历了婚变、失去监护权、失业与酗酒，一层一层，仿佛雪覆盖在他苍白的身上，哀伤冻结，却永无止境。

但长夜将尽，温暖偶然地出现在灯火、拥抱与眼泪里，让他内心的哀伤重新流动，仿佛唤醒了什么。

小说里，主角漫无目的地驾着车，却下意识地开到了女儿的学校门口。他不在乎约定，却无法不在乎自己的哀伤。女儿发现了他的车，与他秘密地共处了短短一个小时。女儿边吃着松饼，边流着泪问他："为什么我们不常看到你？"

"这很难解释。"他说："可是以后就会改变了。"

将女儿送回家门口前，父女俩在浓雾包围的车里，有着一段温暖又悲伤的对话。

"'你还需要开灯睡觉吗？'我问。

"'不必了，我长大了。'

"'很好。'我说。但我心里却不这么想，听起来可能很好笑，但我不希望自己无法看着她长大，我想要她等着我，可是我没办法告诉她。"

然后，主角驾着车，独自回到浓雾里。

﹨﹨﹨

他从注满酒精的海里漂上了岸，但长夜未尽，罪恶感成了他心中的阴影，把夜晚拉得更黑，却也更清晰。

他消极地逃避前妻，避免干扰她的生活与想象里她对他的嫌弃；另一方面则积极地宠爱儿子，时间、金钱与爱，所有的一切他都愿意毫无保留地给他。儿子是等待并呼唤他回家的海港，如今他的心像被缆绳紧紧拴着，一点都不敢离开，并将所有的收获都奉献给他。

"我也不知道,活着不就是为了他吗?如果不是孩子,我现在也不会还活着吧!"

他知道自己是在弥补,过度地牺牲自我。虽然隐隐感到不安,但在不安中却有期待,只是这些期待也带来了更多不安——他期待着被原谅、能陪伴孩子更长的时间,甚至期待着被爱,被孩子长大后的力量拥抱、陪伴。

"你儿子……不爱你吗?"我问。

"我不确定。"

除非过去的事未曾发生,不然,他永远无法确定。

酒醒之后,他将自己的丑陋看得一清二楚,他不确定当初还小的儿子记得什么,但他想起的尽是种种不堪与懊悔。

╲╲╲

前妻似乎越来越忙碌,于是他也有了更多赎罪的机会。他带儿子逛游乐园,买昂贵的玩具,吃豪华的餐厅,这些都不是儿子主动要求的,但正因孩子没有特别开口索求什么,他的不安反而漫无目标地扩散开来:儿子满足吗?他给的足够吗?那些缺席的日子该换成什么来计算呢?

"你今天玩得开心吗?"他总是反复问着身边的儿子。

"很开心啊,我每天都很开心啊!"儿子长大了,个子开始拔高,身上因游泳而晒得黝黑,长出了肌肉,跟他一样瘦而结实。

"还有没有什么想要买的?"

"没有,已经太多了。爸,我们下星期学校游泳队要选拔了。"

"是哦,那你有需要什么吗?蛙镜还是……"不知不觉地,他又问起类似的问题。

"不是啦!你改天来看我游泳,好不好?我现在只剩下蝶泳还没练好,但我自由泳是全校最快的!"儿子骄傲又满足地笑着,但他不知道那是因为游泳,还是因为他这个父亲。

罪恶感像是埋在他内心深处的锈,尽管涂上再厚、再亮的漆,却从未停止侵蚀。他只能不断补偿,却无法挽回什么。

某日,前妻在他送回儿子后打给他一个电话。

"今天谢谢你,你儿子说他很开心。"

"不会,这应该的。"两人维持着一种客套的距离说话,用礼貌将情绪隐藏起来,仿佛这样才不会将过去翻搅开。

"唉……"一阵迟疑后,前妻叹了口气。"我知道你是想好好补偿他,但可以请你不要再买东西给他了吗?那些东西太贵了,又用不上,我不希望我儿子的价值观扭曲。"

"我只是……"他忍不住想要插话。

"你只是怎样我不知道,那些也都是你辛苦赚来的钱,你好好

第一章 那些流不出的泪

陪他就好,你欠他的只有这个!"前妻的语气变得强硬。

"嗯。"他不再反驳,也不敢反驳。

"还有一件事,我想还是要告诉你比较好。我打算结婚了,就是你知道的那个人,他陪我们很久了,他对你儿子很好,儿子也很喜欢他。"

他毫无心理准备,不知该说什么,一阵沉默后才开口问:"什么时候?"

"下个月,我怀孕了,我考虑了很久,我不是随便的人,他也不是。请你放心,我都跟儿子说过了。"

"嗯嗯……等时间确定再通知我吧。如果你忙,需要帮忙可以叫我。"

"谢谢,我知道你改变了很多,真的谢谢你。我该走出来过自己的人生了,我也希望你能照顾好你自己。"

前妻挂断了电话。

他想了想,却不知该从何想起。

〰〰〰

"她有她的人生。那我呢?儿子呢?她怎么可以这么……自私……"说到最后,一开始的气愤突然变得微弱,他有些心虚,仿佛不小心泄漏了那些心里不该有的真实声音。

其实，他对前妻的情感一直是矛盾的，而那些矛盾全塞进了儿子手中：昂贵的玩具，像是在与前妻竞争谁对儿子付出了更多的爱与责任，另一方面却又像是转赠给前妻的礼物，藉由儿子的手转交给她更多的弥补与道歉。

不能爱，也不能恨，只能以亏欠安抚愤怒，用自责舔舐寂寞，于是前妻的抛弃、冷漠与残忍都是应该的，都是自己应得的报应。

但再矛盾的情感，终究是情感，前妻可以离去，却不能投入别人的怀抱，他像是被二次抛弃，找不到归宿的爱终于变成了恨，再多的罪恶感也压抑不了。他变本加厉，继续挥霍着金钱，挥霍他自己的人生。既然她决定彻底离去，那凭什么管我怎么花钱？凭什么管我怎么弥补我的儿子！

"对！离婚是我造成的，但我没有不要这个儿子！"突然，他掩面哭了起来。"我不知道会变成这样，我不希望我儿子……跟我一样……"

……跟他一样，觉得被抛弃了。

╲╲╲

离婚是否意味着"抛弃"——夫妻彼此间的抛弃，孩子的被抛弃，责任与幸福无法挽回的抛弃？

那么，将不幸福的婚姻勉强维持下去就是负责？就能带来幸

第一章 那些流不出的泪

福吗？

若是已经努力过了，或真的来不及努力了呢？

我想起了日本电影《亲爱的外人》里的情节，男主角离了婚，与曾遭受家暴、带着两个女儿的单亲妈妈再婚，他的前妻也有了另一段婚姻。亲生女儿虽然跟前妻生活，但仍与他感情亲密，固定时间见面。他仍是父亲，而且成了两个家庭的父亲。

但是新家庭的大女儿开始因这种重叠而模糊的关系，有了嫉妒与不安。她不确定，这个新的父亲是否能够像爱亲生女儿一样爱自己。

新的家庭就像重新粉刷的墙，我们很难确定在光滑的表面下，有什么在偷偷渗漏着。

当男主角再婚的妻子怀孕后，所有隐藏的不安都随着某种背弃的想象，在这些复杂的关系里头流窜、蔓延——父亲与母亲将拥有他们真正的"自己的"孩子。真正的新家庭，墙会再度重新粉刷，漆上他们喜爱的颜色。而我们将不再属于他们的家庭，再也分享不到他们的爱，我们是多余的、累赘的，只是他们过去不小心拥有过的孩子。如今，我们只是外人，即将被新的幸福的油漆彻底抹去……

于是，继女将他锁在门外，跟着前妻生活的女儿也因此接纳了继父在心中的位置。

他即将要拥有一段更完整的关系，却失去了两段原有的关系，成了"亲爱的外人"。但或许那不是失去，而是原先的不安重新稳定了，这些关系被重新理解、定义，然后接纳。

亲爱的外人，仍是亲爱的。

彼此都是。

虽是电影，却比真实的人生还真实，复杂的情感亦是。

我眼前的男人，当前妻准备再婚时才感受到离婚的真实。这个当初不顾一切放弃自己的人，心怀罪恶感而假装自己不需悲悯的男人，终于开始愤怒、哀伤。

所以，他还是有所在乎的，愤怒是火，哀伤是雨。只是我得提醒他那把火照亮的是未来，而不是身后的黑暗，他要用雨灌溉前方的土地，而不是已经荒芜的过去。

"虽然不是什么大道理，但你要做的是'负责'，而不是自责。你自责够久了。没有人希望离婚，但既然已经离婚了，问题就不再是纠结谁对谁错。你该放手了，但那不是放弃，而是把手空出来……"

空出来，才能抓住新的人生中占有重量、值得倚靠的一切，稳住重新开始的自己。重新开始了，就别再重复相同的悔恨与遗憾，既然深刻地痛过，就试着改变吧，而不是永无止境地舔舐伤口。这就是"负责"与"自责"的差别吧。

"放手跟放弃有什么不一样？我前妻那样，是放手还是放

第一章　那些流不出的泪

弃？"他依然愤怒地说。

"你感觉被放弃了，是啊！但我们能做的是放手，为自己放手。'放弃'是在仍该努力时却舍弃了，停下来了。'放手'不一样，是看清哪些已经无法改变，将它们放下，不再绑在身上。"

放下沉重的过去，才有力量去牵住未来。

他看着自己溅满油漆的双手，沉默不语。洗不干净的这双手能抓住什么呢？

"你儿子是怎么想的呢？或许，他有他自己的想法。"

孩子总在长大，我们永远抓不住，只能奢望轻轻牵住。

《亲爱的外人》末尾，不安的继女在一连串矛盾的挣扎与抗拒后，悲伤地哭泣。男主角拍了拍她颤抖的肩膀，将她轻轻拥入怀里。孩子依靠在父亲身上，暂时安心地哭了。

这是多么复杂而难以言喻的感受。孩子并没有忘记爱，只是一度不知该如何留着它，而最后，似乎找到了接纳与安放的位置。

＼＼＼

出于失落与罪恶感，他喝了些酒，但随即停了。"我很没用，忍不住……但我知道我不应该……我其实很怕会再失去……"他忏悔说。

诊室像是告解室，但这里没有神，他并未因此洗净罪恶，换取真正的重生与力量。他总是背着十字架离开，再回来，不愿放下。

有一回，他又谈到游泳的事。

那个相聚的周末，儿子问他："爸，可以陪我去游泳吗？"

"你自己去就好啦，我骑车载你去。"

"你不跟我一起游？"儿子失望地问

"唉……我不会游泳。"说谎的时候，他总是撇开头。

"真的？你不是说你以前会下河抓鱼吗？"

"我有说过吗？"是吗？儿子不会说谎，但许多真实的事情他都不想再提起。

"对啊！你还说以前跟朋友直接跳到水里学游泳，还有——"

儿子期待地继续说，他有些急躁地打断了儿子的话。

"我骗你的。"

"啊？那你为什么要骗我？"儿子落寞地问。

"可能喝醉了吧。"他直视前方，将车开入餐厅停车场。车子停了下来，他们的对话也停了下来。

谈到酒，儿子体贴地不再追问，那是彼此都害怕再次分离而形成的默契。

醒着的时候，他才会说谎。他会游泳的，只是他想缩入自己的罪恶感中。他不敢赤裸裸地跳入水里,重新回到直射的阳光里,因为那些真实的过去依然烙印在他身上,像脏污的油漆般洗不净也刷不掉。

他不想让儿子看见自己身上那只蛮横却落魄的老鹰。

、、、

然而,以罪恶感来处理失落,只会让自己继续逗留在失落的中心。

害怕儿子失望,孩子反而更失望。他总是背着满满的罪恶感活着,像活在过去里,看不见眼前儿子反复告诉他的期待。

许多时候,我会错以为是儿子在弥补他的罪恶感,而不是他在弥补儿子。

继续听他忏悔,只是陪他留在原地。够久了,他需要一些前进的力量,而我相信那是他原本就拥有的,就像那些愤怒的火苗,只是得将那力量从罪恶感的灰烬中翻动出来。

"你真正的希望是什么?你儿子真正需要的是什么?你想想看,你这么认真爱护儿子应该不会不知道。如果那些不是用钱买得到的,就不要用钱去买了。"我说:"我感觉得出来,你儿子在乎你。他看见了,也相信你改变了很多。"

"被在乎"是一种力量，当然也是负荷，既可以压垮，也能够激起承担的力量。

但"罪恶感"不会。

罪恶感是一种保护，却也是一种隐性的自我伤害。一时之间，它仿佛可以让那些更具攻击性的情绪软弱下来，不去愤恨，不去报复。但事实上，那些情绪不会因此消失，它们只是躲在罪恶感里头，以被动的姿态攻击着。攻击的对象包括自己。

你依然不快乐，依然沉浸在失落中，依然被情绪所驱使、囚禁，你所爱的人也感受得出来。如果你希望他们爱你，而他们也真的爱你，他们会毫无顾忌地亲近你，因而也踏进你的阴影。

"你还记得以前你们除锈的步骤吧？"我问。

"当然记得啊。"他自信的语气仿佛我问了一个蠢问题。

"有些人偷懒只做表面，生锈的地方没有敲掉、磨干净就上底漆。"

"这样没效果的，不用过多久，就算外面的漆再厚也一样，里面继续生锈，一下子就会膨胀，把油漆撑破，不是外面的油漆整块掉下来，就是里面已经被锈吃薄、吃穿了。"

"是啊，表面的漆涂得再厚、再漂亮也没有用。"我附和着。

"没有人愿意真正用心处理那些铁门，最后漆越涂越厚，门越来越重，钢板却越来越薄。外面看起来是新的，但里面早就破破烂烂。"他哼了一声，真心瞧不起那些偷懒的人。

"你呢?"我问。

"啥?"他先是疑惑地反问,接着马上心虚地撇开了头。

"你生锈的地方在哪里?如果没有身体上那只老鹰,心就不会破掉了吗?"

他沉默了一会才开口,"你说得太深奥,我这种没读书的听不懂。"但他转回了头,没有逃避。

其实这些也不是什么道理,更不是读书才能懂,而是除过锈的人、刷过油漆的人,以及心破碎过的人,在有了深刻经历后才有的感触。或许他早就懂了,也或许他有别的体悟,但无论如何,我知道他想好好地对待那扇铁门了。

有安心的大人,才有安心的孩子。孩子总希望大人能陪着他们一起靠岸,期待那艘载着他们前进的船也能安然地入港。

放弃自己,牺牲自己,这真的不是爱,只会同样让孩子感到强烈的孤独与被抛弃。

研究告诉我们,夫妻间的气氛、冲突是隐晦或外显的,对孩子的影响比夫妻是否分离更重要。

婚姻是形式上与法律上的,对孩子来说反而没有比那些时时刻刻环绕着他们的家庭里无形的互动、情绪及气氛来得强烈。

疏离或亲密?紧绷或和谐?孩子总是处于中间,在父母眼神的交会处、关系的拔河处,以及爱与恨的撞击处,听着,看着,感受着。他们很难远离战火,不被波及,纵使被隔离、被搁置,他们也会想象:想象着一切因他们而改变,而他们得试着改变这个令他们悲伤的世界。

许多孩子会误以为是自己做错了什么才使得家庭关系断裂,害爸爸妈妈的手不再牵在一块。他们变得不快乐,小小的心灵被罪恶感占据,恨透了自己。

而有些敏感的孩子只是单纯地不喜欢这种紧绷、冲突的气氛,只好表现得讨好,变得极度乖巧和独立,想安抚受伤的父母;或者逃避,变得安静、疏离,假装毫不在乎,藏起自己哭泣的眼睛。甚至一些暴烈的孩子会疯狂地反抗,但那反抗其实是一种无助与绝望,他们不再相信爱,于是选择用愤怒与恨来破坏关系,破坏了对父母的期待,也彻底破坏了父母对自己的期待,让自己顺理成章地成为不被需要的孩子,从关系中被丢弃出来。

孩子成功转移了父母的注意力,问题从夫妻之间落在孩子的身上,仿佛父母仍是一体,家庭仍存在,只是这个孩子变了,然后问题就会过去。然而事实上,问题会再从孩子身上扩散回夫妻之间,甚至放大,变得更为复杂,因为彼此的关系就是如此紧密地牵动着,情绪来来回回,层层堆积,问题从来就不只是在某一个人身上。

像网一样的牵绊、黏稠的爱、被剥夺而生的恨……剪不断,理还乱的亲情与爱情,缠住了所有的人。

勉强被拼凑起来的家庭,就像互斥的磁铁被硬绑在一块儿,永远无法平静地紧密相伴,无声的风暴在其中流窜,表面有多和谐,你和孩子都听得见里面的喧嚣。许多人因罪恶感而持续待在风暴里,或离开了风暴却仍被罪恶感困住。

"罪恶感"或许源于爱,却不是爱。孩子可以清楚地感受到罪恶感里头的愧疚、焦虑与卑微,因罪恶感而驱使的宠溺或任何补偿,也终究无法填补孩子失去依靠的安全感,以及心中的空洞。

罪恶感只会令你被囚困,走不出阴影,无论你是否走出了婚姻。

第二章　平凡人都有的伤

一个人害怕的感觉，是很孤独的

甜蜜的负荷，依然是负荷，但也终究甜蜜。

任何的"拥有"都会让人承担重量，即便是幸福。幸福与压力从来都不是互斥的，也没有谁能彻底躲得过忧郁的袭击。

谁说爱里没有惧怕？谁又能说惧怕便不是爱？我们拥有且能给予的，原本就是平凡的爱，也因为这样的平凡，而在艰难的生命里显得伟大。

平凡的人、平凡的父母与平凡的爱，本就有软弱，有惧怕。爱不见得能战胜一切或克服一切，却是我们去承担重量时，最勇敢的力量。

有时，我们会输给无法掌握的现实，陷在因爱而失落的哀伤

第二章　平凡人都有的伤

里，然后在相伴之中，缓缓地看见彼此的惧怕，并加以包容。

幸福变得有点皱巴巴，但依然甜蜜。

他只喝了几杯便赶紧脱身，但血液里的酒精还是让身体发烫。走在人行道上，脚步有些轻快，脖子则像被火蛇缠绕般烧灼、紧绷着。这无风的夜晚，他的衬衫都湿透了。

他扯下领带，松开纽扣，深吸了几口气，闻到自己浓浓的酒味。他可以想象自己现在的模样：涨红的双耳与脖子，疲惫又迟钝的眼神，半透明黏在身上的防皱衬衫，和在路灯下皱成一团的影子。

他的人生也一样，皱成了一团，怎么样也无法摊平，无法顺畅地走，只能困在深陷的皱褶里。

其实刚刚什么都没吃，肚子还是很饿，跟路边的老伯买了烤地瓜，那又热又黏、皱巴巴和凸肚子的样子像极了自己。

但自己的里面应该是苦的吧。

＼＼＼

他没停下脚步，拿着地瓜边走边吃。因为喝了酒，只好把车留在公司，但他已经提早离场了，回家应该不算迟吧。想到这里，心扑通扑通地跳，不知是心急，还是走得急了。

摸了摸脖子，那发烫的紧绷感还是没有消失，跟刚刚总经理拉着他领带,醉醺醺说的那些话一起留着。

"才刚来上班,就要下班啦?有没有这么怕老婆啊?"总经理刺鼻的酒气朝着他的脸扑来。

旁边的资深同事赶紧出来圆场。"总经理,他这么想回家怎么会怕老婆呢?是爱老婆。怕老婆的是我们,没喝醉都不敢回去。"

总经理挥了手把他推开。"什么不敢回家!来这里才叫回家,你们懂不懂啊!生完孩子就软成这样,操!"

在昏暗的混乱里,他像斗败的公鸡,低着头缩起身体悄悄后退,使了眼色向架开总经理的同事表达感激,便匆匆逃离酒吧。在这之前,他就与客户喝过一顿酒了,幸好总经理已经烂醉,不然自己真不知道该怎么脱身。

只不过,总经理醉是醉了,话说得却比他还清醒。

到底在怕什么?心怎么会跳得这么快?说不喝,还是喝了。但自己尽力了,该推辞、拒绝和放弃的,他都尽力做了。为了这个家和妻子,也为了小孩,他不是该感到幸福吗?那他的心,怎么还会皱巴巴地纠成一团呢?

＼＼＼

他坐在路边的长椅上吃完了地瓜,把纸袋在手里揉成皱巴巴的。

第二章 平凡人都有的伤

家就在转角那栋大楼里,他仿佛已经听见孩子的哭声,还有妻子若有若无的不耐烦。但他想多坐一会儿,让酒气淡一点,自己也清醒一些,看能不能也把藏在皱巴巴影子里的情绪看得清楚一点。

对于那悬在半空中的家,他是爱?还是怕?

、、、

一年多前,妻子怀孕了。那是他们夫妻俩预期中的喜悦,生命剧烈而奢侈地转变着,一切都在酝酿成形:升职加薪、买了新房,即将拥有的越来越多,宛如城堡般堆积起来。

设想的幸福真的要诞生了啊!他毫无所惧地挺起厚实的胸膛,准备让幸福栖身。

时间轻盈地飞跃,他觉得自己每天都在向幸福靠近,却没想象过幸福会有多重。

没多久,医生恭喜他们,即将迎接的是双胞胎。幸福擅自做主,结伴同行,妻子的脸上只有惊讶,没有惊喜,然后是一种难以解读的木然表情。那么他呢?他忙着揣测妻子的心思,没空打理自己的心,又或者是忙着逃避。

当天晚上,妻子哭了。

"怎么了吗?"他忧心地问。

"我怕……"妻子哭着说。

"怕什么呢？别担心，我们本来就想要两个小孩不是吗？"他试着用一种既坚定又温柔的语气安慰。

"可是……这不一样啊！我怕……"妻子依然止不住眼泪。

"没事的，我们也是两个人，我们会一起努力的。"他的声音变得更轻柔，但少了一丝坚定。

加倍的幸福不一定真的加倍。他们拥有的世界很小，房子很小，肚子很小，专注等待的心也还很小，不确定这一刻是否足以容纳双份的幸福。

其实，那便是幸福的代价，任何的拥有都得让人承担重量，即便是幸福。

＼＼＼

妻子肚子膨大的速度比他们想象中要快，心里的负荷也扎扎实实超越两倍。担心孩子的体重太轻，同时又害怕太重，妻子撑起孪生的果实，纤细的腰几乎要被折断，而肚皮像饼皮般永远可以张得更大、更薄，如一张吊床，悬起下坠的双月。

妻子沉重的步伐与呼吸，让他也感受到了重量，不仅是双月，连同妻子，他得将整片天空都扛起。

恐惧，沉沉地落了下来。

第二章 平凡人都有的伤

升职之后,责任加重,应酬增多,他酒醉的夜晚也与妻子哭泣的夜晚一同变长。妻子的身体蓄满了水,也挤压出更多水:肿胀的脚与眼和如水球般摇晃的肚子、尿频、呕吐,然后是止不住的眼泪。

肚子继续下坠,子宫内越来越不平静,医生要求妻子住院安胎,直至生产。

"你可以早点下班吗?我怕随时……"妻子被巨大的肚子压在床上,像浮不出水面的鲸鱼。

"我知道,没事的,我会尽量早点回来的。"他摸着妻子的手说。

但他失约了。

妻子下不了床,而他依然下不了班,每天总至夜深才到病房。妻子看了一眼墙上的钟,默默别过头去。

"对不起,我拒绝不了……"他歉疚地说。

"所以你宁愿拒绝我。"妻子阖上眼睛,用背影拒绝了他。

他睡得很差,妻子也是,两人几乎整夜都没有交谈。岳母一大清早就到医院接班,让他先回家洗漱完再去上班。鲜少回去的家变得孤独又陌生,妻子的心也是如此吧?那自己呢?

他不明白,为何两个人都背负着重量,却难以想象对方承受的痛苦。在医院里动弹不得的妻子,为何不能理解他在公司也动弹不得呢?业绩、斗争、加班、宿醉、嘲讽与试探,没人可以保证市场是否会突然紧缩,合约不会突然流产,而上司及客户的信任与猜疑就像一对孪生兄弟,一同变大。

期待越重,恐惧也越重。拥有的越多,一旦失去了便越痛。

"我不是拒绝你,相反地,我很害怕会失去你。"虽然迟到了,但妻子身旁是他最想要回到的地方。

"是吗?你害怕失去的是工作吧!"妻子咬着牙,冷冷地回应。

他真的没把握,假如失去了工作,他还能拥有幸福吗?而他始终不明白怀孕到底是什么感觉,还有妻子为何止不住眼泪?这些,都让他充满歉疚。

＼＼＼

那晚又是接连的应酬,他摇摇晃晃地走到厕所,单手扶墙才勉强走到隔间里,胃一阵痉挛,冲破了他不断咽下的压抑,他弯腰凌乱地吐了一地。肚子仍是胀的,压迫着混浊的呼吸,他撑在洗手台上漱口、洗脸,但怎么洗也洗不掉那些充满罪恶感的味道。世界在镜子里旋转,他看着里头那个连自己都撑不住的男人,没力气关上水龙头,以及哗啦啦的眼泪。

下了出租车,他对着医院的花坛里又吐了一阵,走没几步就瘫坐在墙边,薄薄的月光在西装上滑动,他靠着自己的影子,毫无反

第二章 平凡人都有的伤

抗余力地沉沉睡去。

家好远，妻子好远，幸福好远。

醒来时，他惊觉自己竟然躺在急诊的床上，一旁是面露担忧的岳母。那妻子呢？

匆匆办了出院，他赶紧冲进产科病房。妻子静静地躺在床上，巨大的肚子未因他的消失而有任何变化。

仿佛，他是多余的。

他站在床边，不知该说些什么。手机在口袋里震动，墙上的秒针跟着心跳一同困在漫长的等待里。

"你说我们有两个人，为什么我始终感觉只有我自己一个呢？"妻子终于开口，而他仍然无法开口回答。

"回不来，就不用回来了，我一个人很好。"妻子闭上眼，泪水在无声的颤抖中滑落。

口袋里又传来震动，他接起手机，转身步出病房。"总经理对不起，对不起，不是这样的，真的很抱歉！"

＼＼＼

那次烂醉后，他下定决心，如果真的要失去什么，他宁可失去工作。他避免加班，闪躲应酬，不是他的职责就少碰。妻子需要他，他也需要妻子，他不想当一个对家庭多余、回不了家的"陌生人"。

但他依然感到害怕。

＼＼＼

孩子平安地出生了，小小的、皱皱的，当他同时抱起两个时，却感到双手无力地颤抖。他慌张地求救，引起了众人的嘲笑，他苦笑着将宝宝交给岳母接手，瞥见妻子的脸重重垮落，毫无笑容。

那一对小小的、皱皱的幸福落上了他们的心头，脆弱却沉重，就像妻子的抑郁。

妻子离开了安胎的病床，却依然被焦虑和无助压迫着，恐惧和自责成了痛，恨与愤怒成了哀号。她毫无当妈妈的自信，永无止境地抑郁着，一切的努力更让她耗尽气力，只能以眼泪回应孩子的眼泪。

"为什么他们一直哭？"妻子抱着哥哥，哭着问。

"因为他们还不会说话啊。"岳母在一旁抱着弟弟轻摇安抚。

"为什么我没办法让他们不哭？我没办法……我知道我没办法当妈妈……"

"自然就会了，你以前也是一直哭啊！"

"我知道，我只会哭。"

"我不是那个意思啦！哭会传染，分开就不会一起哭了！"岳母抱着弟弟离开房间，忍不住也偷偷流下眼泪。

第二章 平凡人都有的伤

＼＼＼

哭会传染，但已不知是谁传染给谁。他无法让妻子停止哭泣，即便他自己也是在努力忍着不哭而已。

妻子的抑郁从产前蔓延至产后，夹杂着愤怒、不安、怨恨与罪恶感，旁人难以抚平，也难以理解，像是漫长的雨季困住了所有人，在每个人的心里泛滥成灾。

医生说，这是由于荷尔蒙的剧烈变化、敏感的体质、怀孕与生产的特殊经验、生命的压力、双胞胎的重量、自由被剥夺、孤独，以及所有不明因素所影响的。

听起来，一切都不明。

他只能尽力从工作里挤压出更多时间，陪妻子就医，伴孩子成长……疲惫的影子又被乌云覆盖，变得更黑、更重，他像条不断擦拭泪水又被使劲拧干的手巾，被挤压得皱巴巴的。

日复一日，陪伴几乎等同于等待。除此之外，他们还有什么能做的吗？

"你已经做得很好了。"

他这样安慰妻子，医生也这样安慰他。但他仍然想哭，忍不住盯着自己又黑又重的影子，感觉在下沉。

所以，自己也抑郁了吗？

＞＞＞

步入大楼，保安叫住了他。"杨先生，有你妻子的快递！"

他抱着纸箱，腋下还夹了一件，好不容易才掏出感应磁卡，狼狈地按了电梯。这八成是给孩子的吧。打从孩子出生后，他们夫妻俩几乎再也没买过东西给自己或对方。

明明家里多了两个人，但他们仍总是感到孤独。孩子成为夫妻之间的连接，仿佛也是唯一的连接，只有在谈论孩子时，他们才能听见彼此，停下来说话。

幸福因孩子而完整，也因孩子而沉重，但他支撑得起这样的家吗？

＞＞＞

进了家门，双人婴儿车与暂时卸下的安全座椅占据了玄关，屋里没有孩子的哭声，却静得令人屏息。客厅只点了夜灯，妻子坐在沙发上没抬起头，手机的冷光随着滑动而闪烁不定。

他依然看不清妻子的表情。

"妈呢？"他问。

"在房间陪宝宝们睡觉。"

"他们今天没肠绞痛了？"

第二章 平凡人都有的伤

"才刚哭完。"妻子几乎不说多余的话,像是再无多余的力气与情感留给他。

他靠近妻子,似乎看见未干的泪痕。同样的哀伤与疲惫日复一日,时间从妻子的脸上冷冷地滑过。

他将快递递给妻子,妻子急躁地拆开纸盒,看起来是益生菌与安抚孩子的小玩具。

任何可能有助于让孩子不哭的方法,妻子都不放过,她以此抵抗抑郁,却也因此被抑郁苦苦纠缠。

妻子突然抬起头,问:"奶粉呢?"

"唉!"他沮丧地叹气,"一忙就忘了。"

妻子仿佛要说什么,但终究没开口,又低下头继续拆解包装。失望?生气?焦虑?还是已经没有任何感觉了?

或许就只是太累了吧?就像今天下午总经理约谈他时,他也没多说什么的那种疲惫感吧。

"今天晚上老地方啊!你好一阵子没来了。"总经理皱着眉,用怀疑的眼神看着他。

"嗯嗯。"他微微点头,没说好,也没说不好。

"忙什么啊?我生孩子的时候哪有那么忙。"

"呵呵,我能力没总经理强。"

"你这是在酸我吗?什么能力不能力的。"

"没有没有,当然不是,我是真的能力不强,所以时间不太够用。"

"能力不强啊?你自己都这样说了,那我还要用你吗?"

"啊!所以很感谢总经理,我当然一定会更努力、更用心的。"

"哼!"总经理一阵冷笑。"不用说这种场面话,时间不够,我们就不要浪费时间。坦白告诉你,我观察你很久了,知道你一直是个努力的人。刚生小孩,难免有个过渡期要适应一下,我们也有家庭,都可以体谅,但如果你的心一直回不到工作上,我怎么可能看得到你的用心呢?"

"嗯……"他低下头,疲惫得不知该说什么。

"时间是挤出来的,机会也是挤出来的,位置就一个,你不挤,别人就把你挤下去了。懂了吧?如果你要牺牲我们,我就只好牺牲你了。我同意你说的,时间真的不够,所以我也不会浪费时间在你身上。"总经理一边说,一边将目光移回自己的电脑屏幕上。

"我明白了,谢谢总经理指点。"他低着头离开了办公室。

手机响起需要去拜访客户的提醒铃声,他匆匆提起公文包,发信息告诉客户他可能会慢一些。等电梯时,总经理的话挤进了他的思绪,像一根锐利的钉子掉进齿轮,突然卡住了一切。

电梯门开了,他又动了起来,然后就忘了原本要顺路买奶粉的事情。

第二章 平凡人都有的伤

﹨﹨﹨

时间、空间和心力……一切都是挤压出来的。但是被挤压,不会觉得痛吗?不会变形、碎裂吗?被挤压之后,还能恢复原状吗?

被双胞胎所挤压的妻子,能恢复原状吗?

他在昏暗的灯光里走进卧室,赤脚踩到一片尖锐的东西,亮灯一看,果然是玻璃碎片,应该又是摔破的奶瓶吧。脚底只有微微渗血,他拿卫生纸小心地裹起碎片丢进垃圾桶,旁边有一团报纸,拿起来晃了晃,的确是玻璃残骸。

怎么了吗?是不小心,还是……有人受伤了吗?……许多东西在他无力去看的时候,就那样碎了。

又得买奶瓶了,他想着想着走到角落,准备拿出吸尘器,瞬间意识到屋子里的安静,又放了回去。

突然,他觉得自己好像做什么都不是,但不做什么也不是。沉沉地坐到床上,听见老化的弹簧发出挤压声。

是害怕啊!他害怕哭声,也害怕这种安静,怕这样皱巴巴的自己,从头到尾根本就没有能力去支撑、容纳他所奢望的幸福。

他不如自己想象中的勇敢和坚强。其实他像妻子一样害怕,但他不愿说、不敢说,也不能说,因为他觉得没理由也没有资格说出口,没有任何人会相信他竟然因幸福而抑郁。

╲╲╲

"我相信。"我看着他的眼睛,相信我所看见的忧伤。

"为什么?很多人羡慕我,结婚、生小孩,这些都是被祝福的事情啊!而且生小孩痛的又不是我,我有什么资格抑郁?现在我老婆最需要支持,我怎么能够抑郁?我只是太累而已吧,如果连我也抑郁了,那谁来陪我老婆,谁来撑这个家……"他眼里泛泪,苦笑着说:"奶瓶也是要钱的啊!"

"抑郁不是比较谁的痛苦比较多,就留给谁的。"

我递给他一张卫生纸,接着说:"你知道吗?许多被祝福的事情,其实都是充满压力的,像你说的结婚、生子,还有毕业、升迁、得奖,这些都是。幸福跟压力并不是互斥的,反而它们总是矛盾地纠缠在一起。而产后抑郁也不是女人的专利,有越来越多研究发现,抑郁在新手爸爸身上一点都不罕见,只是大家都不说,就以为不存在。不是只有痛才会带来抑郁,钱、时间、争吵,甚至孩子本身就是巨大的压力,像你这样,另一半陷在抑郁之中,自己也更容易跟着陷入抑郁。

"所谓的陪伴是彼此相伴,支撑也是共同支撑。你所想的幸福,不就是两个人的事情吗?"

"其实,我也会害怕……"他颤抖着说。

"嗯嗯。"我等待他怀着如此勇敢的害怕继续说。

"我怕我并不是真正拥有能力去爱,只是自私地把自己追求的一切当成了幸福。"

"怎么说呢?"

"不然,为什么我会害怕呢?如果是爱,就不应该害怕了啊。"他流着泪说。

"幸福跟痛苦并不是互斥的,爱与害怕当然也不是。因为有了爱,那害怕才会如此强烈。又或者正因伴随着害怕,那样的爱,才是勇敢的爱吧!"

我想,正是因为我们有爱,才愿意去承受恐惧,也因此被爱的力量所拯救。其实我也不明白,但这些感受总是复杂又紧密地纠缠在一起。人拥有太多我们所不明白的东西:为何会恐惧?如何能爱?生命的痛苦与幸福,或许就是用来学习这些的吧。

"你爱你的孩子和老婆吗?"我问。

"我不知道。"

"那你老婆爱你跟孩子吗?"

"我也不知道。"

"别怀疑了。"我用信任的微笑,轻轻地说

甜蜜的负荷,终究是负荷,但也没失去甜蜜。既痛且快,既爱又惧,感受到重量是因为它存在,被挤压是因为彼此靠近。只不过,即使承载了再丰实的灵魂,我们终究是平凡的肉身,于是我们变得皱巴巴的,但也甜蜜蜜的。

˅˅˅

总经理突然被调去海外。在送别的聚会上,他喝得比以往更醉。

"你们真以为我不想回家吗?我是无家可归!无家可归,懂了吗?回去了,也不是家。我买的房子,但不是我的家,我跟你们浪费时间买来的,结果呢,什么都没有,他们当我是空气,不管人在不在家都是透明的,现在要去越南了,也好,反正我没家,在哪里都一样,来去一阵风,自由自在。来,干了!自由自在!"

听同事说,总经理哭了,而且那天醉到叫老婆去酒店带他回家。总经理其实是怕老婆的——那晚之后,大家都这样说。

听说,他是自动请调的。

˅˅˅

这天,他又忙到没空吃午饭,在下班路上跟老伯买了烤地瓜。

"哇!你挑的这个很甜!"老伯看着磅秤说。

"呵呵,大叔你的地瓜本来就甜。"

"你这个称起来特别重,越甜越重啊!"

"是吗?"他盯着皱巴巴的地瓜,看不出个所以然,但想想,大概真的是这样吧。

"小伙子,你知道烤地瓜为什么特别甜吗?"老伯扬起眉毛问。

第二章 平凡人都有的伤

"为什么?脱水吧,糖分都留下来了吧。"他回答。

"这么简单还要问你?我跟你讲,这是有学问的,烤地瓜的时候,温度够,里面的淀粉才会分解成糖,就像米饭越嚼越甜也是因为淀粉在嘴巴里分解成糖。烤地瓜没那么简单的!"老伯露出皱巴巴的骄傲笑脸。

"原来是这样,你真的有研究啊。"

"当然!烤地瓜也是要讲科学的。"老伯不禁得意了起来。"小伙子,我跟你讲,人生也是这样,要不怕烤,有时候,内心也是要让它碎碎烂烂的,甜蜜才会出来。假如整块完好,不痛不痒又没滋没味的,那样的心不美丽,只是浪费人生而已。"老伯眯起眼睛探头看炉火。

"这也是科学吗?"他笑着问。

"不是,这是哲学。"老伯说着,又丢了几块木炭进去。

﹀﹀﹀

走进大楼时,他又被保安叫住,领了几件妻子的快递,在电梯里想起老伯的话,不自觉地微微笑了。

打开门,屋里仍是昏暗的安静,他坐到妻子身边,将快递交给她。

"还有这个。"牛皮纸袋里是热腾腾的烤地瓜。

妻子看了纸袋,又看了他一眼,露出了神秘的笑。她接下纸袋,将地瓜剥了开来,一股香甜的热气窜出。

"其实我也会怕。"他说。

妻子疑惑地抬起头。

"我也会怕自己承担不了这一切,怕会失去你,失去孩子。"他在昏暗的灯光里继续说:"只是我以为自己可以假装不怕,只要我假装不怕,你也就不会害怕了,就会一直留在我身边,留在这个家。"

"从一开始就怕吗?"妻子问。

他点点头。"如果我也害怕,你就会觉得我不够爱你们吧?"

"你应该早点告诉我的,一个人害怕的感觉,是很孤独的。而且我一直以为是因为自己这么害怕又抑郁,才不被你需要,不配被你爱。"妻子哽咽地说着。

"不是这样的。"

"我知道,真的,现在我知道了。幸好你愿意告诉我……啊!这地瓜好甜。"

"大概是因为日子太苦了吧!"他苦笑着说。

妻子又咬了口地瓜,然后擦去眼泪,拿起一件快递给他,"这是给你的。"

他疑惑地撕开包裹,是一件浅黄色的防皱衬衫。

"你穿这个颜色很好看,而且那些皱巴巴的衣服该换了。"

第二章 平凡人都有的伤

"真好看。"他摸着平滑的衬衫说。

"反正是花你的钱买的。"妻子又低头吃起地瓜。

"还是谢谢。"他又说了一次。

而没说的是：谢谢你看见了皱巴巴的我。

抑郁是很内在的、个人的，它与孤独有关，却也与连接有关。

当你所爱、所珍惜的人承受痛苦时，你也会感受到痛苦，因为你们紧紧地靠着，于是沉沉的重量从他身上挤压到你身上。你们一直都不是只有自己一个人，只是这时候，抑郁将你们都压垮了——你们感受不到彼此的连接与支撑，只感受到自己往孤独陷落。

抑郁，也是两个人的事情。

无声崩溃：年轻父母的困境

对于"公平"的不安与矛盾

爱能计量吗？爱能比较吗？如果失去都是痛，那痛有不一样吗？

爱，或许就像开着一辆车，将孩子都带上，一个坐这儿，而另一个得坐那儿。

不同的位置、不同的距离、不同的风景、不同的目光，我们尽力且小心地爱，愿大家能平安地一同前进，不让任何一个人被抛下。

但无论如何，那都是独特的位置，独特的爱。

她意外地怀了一对双胞胎。

这是双份的礼物与双份的喜悦，也是双份的负荷。

第二章　平凡人都有的伤

＞＞＞

亲朋好友纷纷恭喜她，也安慰她："一次就把两份辛苦撑完了，节省时间，也不用害怕得从头再来一次。"

"要我再怀一次孕，杀了我吧！"她安胎时，新手妈妈朋友来探望，一手抱着沉沉的婴孩在怀里睡着，一手作势往脖子上划了一刀。她摸摸自己快速隆起的肚子，不敢笑得太用力，医生叮嘱现在是危险期，她僵硬的身体仿佛被灌了浆，躺在床上任酸痛蔓生却动弹不得。

"宝宝们也正安稳地沉睡着吧？"她想，自己这么脆弱窄小的身体，一次住进两个生命，一定让他们很不舒服吧？等出来之后，就不会那么拥挤了。

但双份的辛苦，真是难熬。

她常忍不住握着丈夫的手哭，很压抑地哭，稍微剧烈一些就会喘不过气来。巨大的肚子挡在他们夫妻之间，连拥抱都异常艰难。

所幸，多怀一个孩子，宝宝们留在子宫里的时间反而缩短。双胞胎在肚子里感觉很巨大，早产的他们躺在保温箱里，却显得很娇弱，像一座森林一夕间化为两朵雏菊。那是一种超越现实的感受，仿佛隔着海洋一般深的羊水，无论她在心中想象了多少回，剪断脐带之后，一切都宛如初次见面的陌生人，需要重新认识。

"你们好,我是你们的妈妈,我等待你们很久了,终于,可以真的见面了。"

﹨﹨﹨

当孩子的脸孔从皱巴巴的面团中揉了出来后,大家都说"真的是一模一样",无论是眼睛像爸爸,还是鼻子像妈妈,总之,两个宝宝一模一样。连丈夫抱起孩子要去洗澡时,也总是叫错名字。

"哎呀!那是哥哥,他刚洗过了。"她又好气又好笑。有这么难分辨吗?她仿佛能看见某种灵魂的差异,一眼就认出兄弟俩之间的不同。

哥哥早出生一分钟,但体重比弟弟轻三百克;弟弟的眼神像星星,哥哥的眼神则像月亮……她在心中悄悄记住这些差异,却渐渐陷入矛盾之中:该如何记得这些差异,却不让它们变成比较呢?

人家说,双胞胎很讨厌别人说他们"一样",却又很在意彼此之间的"不一样"。她既然身为两人共同的妈妈,应该成为"一模一样"的妈妈吧?

可是,她对于该如何成为一个妈妈都没有信心了,更何况是一模一样的妈妈。

所有的艰难在宝宝们到来后显得更加巨大,而爸爸妈妈没有学习的机会，没有缓冲的时间，考验与挫折一落下便是双倍的。

幸好有丈夫的温柔支持，虽然他不会跟着流泪，但在妻子脆弱的时候，总能稳稳地将她保护好，像安胎时那样，等待她的力量重新长出来。

因此，她也拥有双倍的力量吧。

尽管经济上不算富裕，但他们夫妻早有共识，会尽力让孩子感受到同样的爱。但怎样算是同样的爱呢？他们努力让所有的东西都相同：婴儿车、安全座椅、衣服、鞋子、玩具……一切都是双份且全新的同款，不像她小时候永远是接收姐姐用过的东西，有时还得先涂掉姐姐的名字，才能写上自己的。

他们也努力给孩子相同的时间与拥抱，一起洗澡，一起说故事，一起找弟弟喜欢的星星，还有哥哥喜欢的月亮。

尽管如此，双胞胎还是不一样。

﹨﹨﹨

随着双胞胎逐渐长大，微小的差异被放大了：哥哥比较高，说话比较慢，鞋子也比弟弟大一号。两人再也没办法完全一样了，丈夫鲜少叫错他们的名字，身边细心的人也开始分辨得出他们的不同。

而她其实从一开始就知道他们不一样了。

双胞胎的个性完全不同，哥哥温驯又害羞，弟弟固执而活泼。

带着两兄弟出门时,哥哥总是紧紧地牵着她的手,不敢放开,弟弟则会趁人不注意的时候突然甩开手跑得远远的,然后再像颗流星一样冲回来,撞进她怀里。

两人上学后,哥哥的胆怯一直让她烦恼着,费了好大的劲才让哥哥停止哭泣。而弟弟却是头也不回地飞离妈妈的轨道。

后来的日子,几乎都是哥哥在揪着她的心:学习比较慢,人际关系比较笨拙,三天两头病着。相反地,弟弟总是不需要她操心。她在心中默想,幸好弟弟如此独立,让她可以专心处理哥哥的问题。

然而这样的安心,有一天碎了。

那天,兄弟俩在学校打架,两人都说是对方先动手,弟弟胸口有青色的指印,哥哥手上则有好几个渗血的深红齿痕。

老师说,哥哥忘了带橡皮,弟弟不愿借给他,情急之下,哥哥直接从弟弟书包里抢了过去,然后两人就扭打成一团了。混乱之中,旁观的人其实分不太清楚谁是谁。

两个人回家后都被她骂了一顿,为了公平,周末玩游戏的时间都被取消。哥哥低着头不敢说话,弟弟却瞪大着眼,哭着说:

"不公平,根本就不公平!"

她永远都记得,原来被自己的孩子恨着是这种感觉。

那张小脸像是在抵抗全世界的误解而用力着,愤恨又委屈,仿佛就算被遗弃也不愿妥协——看着那张脸,她的心很痛,像是灵魂

第二章　平凡人都有的伤

有一部分被撕下，然后抛入遥远的黑暗宇宙中，彻底分离。那如同另一场生产，只是这次被剖开的是心，而且之前是等着迎接，这次却是告别。

哥哥继续依赖着，弟弟继续独立着，她想不透，为何拉不动哥哥也拉不近弟弟。每次一想，就是一场阵痛，她只能无助地抓着丈夫哭泣。

双胞胎读中学时，有一次，她无意间读到弟弟的作文：

"妈妈是山，爸爸是海，对我来说，我真心喜爱的是海。海是自由而流动的，他可以带我到遥远的地方探险，带我到新的世界，找到属于我自己的岛屿。而山是沉默的，无论我到哪里，她都不会移动，她只会跟哥哥留在原处。"

阵痛袭来，她无法动弹。

"不公平啊！为何如此？沉默的是这孩子，我何时沉默了？"她默默流下泪水，身为孩子们的同一个妈妈，那是一样的泪水，一样的痛，从来就没有不一样啊！

算了，跟丈夫一人一个，也算是公平吧！

她小心翼翼地将作文本摆回原处，挂念起这孩子的心到底要到多远的岛屿去……

＼＼＼

哥哥考上了预期的高中，弟弟的成绩更好，却执意选择去外地的职业高中学餐饮专业，爸爸与他彻夜长谈，也不能扭转他的心意。

"为什么？从来没听你说过。"她问弟弟，不明白这孩子为何越离越远。

"没有为什么啊！我只是不想再跟哥哥共享一个房间而已。"弟弟淡然回应，听不出任何情感。

"就这样？就这么无聊的理由？"她既疑惑又愤怒。

"哪里无聊？你就是永远都不明白，永远都这么偏心。"弟弟的语气里胀着压抑的愤怒。

"我真不明白我到底哪里偏心了。"

"偏心就偏心，为什么你就是不承认呢？连我朋友也都这样觉得。"

"你朋友？你朋友知道些什么？"她喘着气，难以平静，仿佛孩子还在她腹中压迫着呼吸。实际上，这孩子早比自己想象中离得还远。

"那你知道我最喜欢什么甜点吗？"弟弟逼视着她，宛若判决前的最后一场拷问。

她脑中一片空白，真的一无所知。她应该知道吗？每个妈妈都知道吗？

第二章 平凡人都有的伤

她不知道。

亏欠与罪恶感填满了那片空白,她不断地回想,却不断地落空,一路往回走,仿佛都只有悲伤与沉默的回忆。孩子一直在身边,却什么都不说,只有那张充满愤恨与委屈的小脸,她永远忘不了。

"你偏心!"

罪名就此成立了。

弟弟离家后,她忍不住问哥哥:"你知道弟弟最喜欢的甜点是什么吗?"

"双胞胎啊!"哥哥毫不迟疑地答。

"双胞胎?"她却毫无印象。

"你忘了吗?就以前读小学时,你接我们放学,都会买给我们吃的那个啊!"

"为什么你知道?"

"他很爱讲,我们常常为了这件事情吵架。"

"吵架?"她疑惑地问。

"他说你都偏心,买一个双胞胎一人一半,但每次他那一半都比较小块。"哥哥露出无奈的表情说。

她隐约回想起这回事,下午太阳仍毒辣,那校门口摆摊的妇人背了个孩子,站在油锅前全身被汗水湿透。或许是同情,但又怕吃了甜食吃不下晚餐,她总买一块分给两个孩子吃。

但她不记得弟弟抱怨过，也记不得那时候弟弟的表情。难道自己真的少看一眼了吗？

她问："你觉得我有偏心吗？"

"不知道，我不会去想这种问题。"哥哥淡淡地答，转身回他独享的房间。

＼＼＼

"我真的不知道要做到怎样才算公平？"在诊室里，她哭着说。一旁陪伴的丈夫也同样沮丧。

其实她很矛盾，她觉得那样的要求与指控太不公平了，但心中却又似乎承认了那样的指控且感到罪恶。她为孩子的伤而觉得心痛与自责，即使她不是故意的，甚至她一无所知。

或许，那孩子也怀着同样矛盾的情感吧！

一直以来，弟弟相对比较让人放心，或许他也真的不愿让妈妈担心，然而，他其实还是在乎着妈妈分了多少心在他身上。

"到底怎么样才算公平呢？我也不知道。"我仿佛自问自答，缓缓地说："每个孩子都是不同的，他们渴望被爱的方式也不一样。我只知道，当孩子需要时，我们都会尽力到他们身边。但我们真的能够满足他们所有的需求吗？即便我们毫无条件地愿意，真的就能找到宇宙中的每颗'星星'，然后给他们足够的目光吗？"

第二章　平凡人都有的伤

许多时候，孩子的心就像无边无际的宇宙难以捉摸啊！

"更何况，孩子不见得能将自己的需求表达出来，有的愿意直说，有的拐弯抹角，有的则把沉默当唯一的表达方式。"我继续说。

于是那些星星啊，在幽深的夜空中忽明忽灭，好像我们一移开目光，他们就会隐藏起来——父母被孩子遗弃了，也仿佛是遗弃了孩子。

"但，至少他开始说了，不是吗？"

我总觉得那孩子是在等待，像个小小孩一样，看似要逃开，其实是暗暗等着妈妈追上来，陪他再走一段。

＼＼＼

她上网找了视频，开始揉面团，学炸双胞胎。视频里说油别太热，才能让双胞胎长大，炸开。

某个周末的凌晨，她听见声响，下楼见玄关多了一双鞋子，上头满是油渍，才知道弟弟默默搭了夜班车回家。她索性起床，开始发面团，炸她那尚在摸索的双胞胎。

转眼阳光已经跟双胞胎一般酥亮，她在餐桌上留了张纸条，便上楼睡回笼觉。

试试看妈妈新研发的双胞胎，要吃几个自己拿。

一觉醒来，已经接近中午。她下楼一看，整盘双胞胎还摆在那儿。"难道他们兄弟俩都还没起床？"

但走近一看，发现这双胞胎无论形状还是色泽，都比自己炸的漂亮。她拿起来发现还热着，咬下去里头竟然包馅，一边是红豆泥，另一边是桔酱。这时她才看见底下压着一张字条，跟弟弟作文本里的字一样。

这才是真的双胞胎，看起来一样，吃起来不一样。如果想学，求我，我可以教你。

桔酱留

她笑着心想，果然是包桔酱啊！酸酸甜甜的。

到兄弟俩的房间一看，哥哥不在，大概是去图书馆看书了，而弟弟用棉被蒙着头，还在床上。

她回到餐桌旁，丈夫刚好走进门来。

"好吃吧！你这儿子不简单啊！"丈夫笑着说。

"嗯，真的好吃！"她微笑着说，忍不住又拿起了一个，端详了一会，放进嘴里，心里偷偷埋怨："再好吃，两边还是一样大的。"

爱可以计量吗？是放到天平上称重，还是以尺估算体积？

恐怕不行吧，爱是如此难以捉摸，无以名状，甚至连爱是什

第二章　平凡人都有的伤

么，我们都可以争论一辈子。

但尽管如此，我们还是很难不去比较彼此之间的爱，于是我们用尽各种间接、想象，甚至有些霸道的方式，试着去将爱经过的痕迹具体地描绘出来：

陪伴了多少时间？

燃烧出多亮的火光？

愿意承受多深的痛？

牺牲多珍贵的东西换取？

或是放入心中能占据多少回忆，溢出多少眼泪？

爱仿佛真的有了重量，但偏偏那样的存在却是主观而变动的。就像影子一样，你站在不同的位置便看见不同的形状。如温度，从给予到接受之间是不停的流散。更如光，你可以看见彩虹，也可以闭上眼，就什么都看不见。

谁付出比较多的爱，谁拥有比较多的爱，一辈子，争论不休。爱多了，既骄傲又委屈；爱少了，既委屈又骄傲。

那爱里头，能有公平吗？

其实，爱不是等量的，因为它本来就难以计量，也永远不可能一模一样。

每一份爱都是独一无二的。

就跟每个孩子一样，都是独一无二的。

在父母眼中，都是独一无二的。

理解家庭的伤

理解,终将让我们看见力量与希望。

家会伤人,但有时伤害的不仅是孩子,还有父母。

孩子来自原生家庭,自信与自卑、安心与焦虑也经常根源于家庭。

只是,孩子不全然是被动、抽离或置身事外的,他亦是家里的一个角色,被动与无从选择是相对,而非绝对。

孩子娇弱无辜,有时却因此成为某种顽固的核心,既弱小却又强悍,隐隐释放着巨大的力量。

父母,往往也无从选择地被家所伤。

个案的家庭总是紧绷地连接与纠缠着,分不清是谁绕着谁旋

第二章 平凡人都有的伤

转。谁操控谁？谁压迫谁？又是谁勒索着谁？这些是源于扭曲的恨，还是扭曲的爱呢？

理解家庭的伤，不只是要你以恨去指认罪人，那是漫长而停滞的。"理解"，是为了看见家庭里情感的流动，自己是如何被摆放，又是如何建构起这个家庭。

即使那流动隐微而渺小，仍需等待，但理解终将让我们看见力量与希望。

她是一位哀伤且不知所措的妈妈。

她抱着一叠书进来，一坐下便忙着从手提包中抽出一份报告，然后将所有东西都摊在桌上。她仿佛愿意交出所有的东西来换取什么。

眼神坚决又茫然，故作镇定的语气里是急促的呼吸，像是不断告诉自己得做好准备，聆听宣判。

她是一个女孩的妈妈，厌食症女孩的妈妈。

＼＼＼

我拿起报告，那是女儿的心理检测报告。

十六岁的高一女孩，内向、拘谨、自我要求高，倾向用压抑与回避处理情绪，面对冲突时多扮演讨好、顺从的角色。家庭关系紧密，自小与妈妈亲密……缺乏自信，人际关系敏感，对于课业表现及身体形象皆感到焦虑……初中开始节食，控制体重……

不陌生的内容，但真实的那个女孩，对我而言仍是陌生的，反倒是眼前这位凌乱而破碎地描绘着女儿的妈妈让我渐渐感到熟悉。

我勉强拼凑出了画面：

女孩的厌食是在初三开始失控的，成绩也跟着体重一同下滑，最后虽勉强挤进高中，但瘦弱的身体与不自信已让她完全无法负荷沉重的课业压力。食物，成为她唯一可以掌控的东西。

生活里，热量跟着脸上的表情一同消失，她总穿着宽松外套遮掩身形，抽屉里塞满零食与甜点，但很少看见她吃，就算咬了一口，也像是太珍贵舍不得咽下似的咀嚼许久。

她在班上几乎没有朋友，沉默而疏离，偶尔在校园内遇见初中时的同学，她也低着头匆匆闪避。后来有同学发现她总会在外套口袋里放一块咖啡店买的小蛋糕，他们开始好奇地谈论起到底有没有人看过她吃，或是她今天买了什么蛋糕。

老师很快就注意到女孩的不寻常，也关心起她的饮食状况，但每当老师问她："吃东西了吗？"她总是漠然地从口袋中掏出蛋糕，回以僵硬的微笑，然后找理由离开。最后，担忧的老师联络了妈妈。

第二章　平凡人都有的伤

当妈妈从老师口中听到"厌食症"这三个字时，一股酸浓的恶心感从胃中涌出，然后，她也吃不下了。

她陪着女儿就医，做了检查测验，也短暂住了院。那过程宛如一场战争，对女儿、她和整个家庭都是。经过持续治疗，女儿恢复了进食，体重像收复失地般地缓慢推进，但治疗未能修复，留下的伤口与断壁残垣仍令人触目惊心。

"我最难过的是，这些都是老师告诉我的。我应该要知道的，但我却什么都不知道。我曾经怀疑过，但我……唉！我不应该找任何借口，我承认自己是个失职的妈妈。"她流着泪忏悔，那第一时间的错过与缺席再也无法挽回，成为她心中最痛且难以愈合的一道伤。

但此刻的眼泪若不是属于一位妈妈，又是属于谁呢？若非身为妈妈，又怎会陷入战争，跟着女儿一起伤痕累累呢？

对厌食症患者来说，这是一场艰难的战争，需要近乎顽固的坚持与挑剔去克制对食物的欲望，收集、赏玩，但以扭曲的意志力阻止食物进入口中。这场仗也宁静而晦暗，他们无声地进食、伪装自己有进食，逃离人群，回避耳目，让一切成为自己与食物之间的游戏和秘密，从寻常的日子里，一点一滴地偷走生命的热量与重量。

大多时候，父母不是刻意忽略，而是毫无防备地被偷袭。他们怎知独立的孩子除了叛逆与爱情之外，还会将食物变成另一个致命的秘密。

"医生,请你告诉我,我该怎么帮她?"这位妈妈仿佛愿意将自己融化以填补任何空隙,甚至让女儿吞下。

她来到了诊室,却只带来孩子的问题,忘了将自己带上,至多,只有环绕着孩子旋转的罪恶感。

"听起来,她已经在就医了,你也很认真地找了这么多资料想要了解她的问题,这是相当不容易的。现在我比较担心的反而是你自己的情绪。你要怎么帮你自己呢?"我看着她,希望她也能看见自己。

她摇了摇头。"我不重要,辛苦的是这个孩子,是我们伤害了她。"她从书堆中抽出一本书,一边翻找着自己做的记号,一边说:"书里头都有写,只是……我不知道……"

那是"结构家庭治疗大师"米纽庆(Minuchin)的《厌食家族——探索心身症的家庭脉络》。

〝〞〞

许多父母与她一样,当身边自己的孩子变得遥不可及时,那些书上真正遥远而陌生的案例反而可以轻易触及了。她的焦虑因此得到短暂的平息,困惑得到表面的解答,而亏欠也藉着努力的阅读,得以偿还。

第二章　平凡人都有的伤

　　至少，她做了些什么，让自己不是那个无知又无能的妈妈，那个她自我认定却又亟欲摆脱的罪恶角色。

　　书里一行行的荧光记号像是泪痕，密密麻麻的铅字宛如控诉。她囫囵吞枣，如默念咒语似的反复咀嚼，那不像是阅读、学习或有所领悟，而是一场因孩子而受的严酷惩罚，她必须将这些书如念经文般一字一句地忏悔，洗净未恪尽母职的罪。

　　是的，她认罪，且感到哀伤与深深的愧疚，她得负起责任，到未知的世界里将女儿拯救出来。

　　"你看这句话。"她指着书里的一句话说："'你妈妈让你无法长大，请帮助她让你长大。'"我看着她的手在书页上颤抖。

　　她重重地在底下划了好几道线，也重重地将这句话刻凿进心里，却回避似的忽略了上头的另一句话：你觉得很依赖妈妈。

　　不是吗？女儿是如此依赖着她，而"食物"正是那最初断不开的纠缠。

　　试着想象：若孩子出生后仅靠呼吸便可维生、长大，那我们与他的相处、互动会有多么大的不同？像一株不需浇水的植物径自开花，依赖与索求减少，或许冲突也减少，但亲密也减少了。

　　你说，还有拥抱、言语和微笑。但缺少了食物的喂养，仿佛失去了某种具体的凭借，就像生日桌上没有蛋糕，那该如何燃上蜡烛，围着歌唱？被火光映照的小脸如何闭眼许愿，然后吹灭烛火，分享接受了祝福与爱的蛋糕?

我们不确定自己给出了什么,看不到自己是如何被需要,也不敢肯定自己在孩子的生命中是否真的不可或缺,但这些其实是支撑着父母继续付出的力量。

就像望着孩子专注吃蛋糕的脸,我们感到甜蜜又满足。他们日夜长大,仿佛也确认了是因为我们的给予,生命才获得能量。

这种因喂养而建立的关系,限制了孩子,但也束缚了父母。孩子看似弱小、依赖,却将父母紧紧抓在身旁。父母看似不断牺牲与付出,却也藉此满足了自己创造生命、供养生命的伟大想象。

彼此依赖,彼此满足,彼此给予能量,彼此亦获得能量。

这是一场从食物开始,无止境的拔河。

╲╲╲

她回想起襁褓中那张饥饿又乖顺的小嘴,几乎是贪婪的,但也毫无防御和抵抗地接受一切的喂养,那种信任多么惹人怜爱,令人几乎只能毫无抵抗地臣服。

但很快地,孩子开始抗拒、挑剔与拖延:餐桌成了战场,玩具与食物成为彼此谈判的筹码,看似无能为力的孩子机灵地操纵着父母的愤怒与同情,渐渐圈出了自己的地盘,也长出了自己的脾气与胃口。

第二章 平凡人都有的伤

也好,这也算是一种解脱。于是她在女儿上小学后就回到职场,早餐交给早餐店,午餐交给学校,晚餐看心情与精力,有时炒个菜,有时打包饭菜回家。

孩子偶尔仍会埋怨、挑剔,但她看透了这些伎俩,也无力周旋,心想孩子这么大了,总饿不死自己的。

那天下班回到家后,她经过初中女儿的房门口时问:"今天煮韭菜水饺好吗?"

"不用了,我已经吃完泡面了。"女儿坐在书桌前,背对着她说。

"泡面?"

"我很饿了,天知道你要几点回来。而且你不知道我讨厌韭菜吗?"

她愣在那儿。讨厌韭菜?什么时候的事,上星期不是还吃得好好的吗?

疲惫与饥饿,加上被刺痛的罪恶感,使得一股愤怒熊熊燃起。"不想吃就不要吃!"

"砰!"一声,她用力甩上了女儿的房门。

想起来,那扇门自此就关上了。

女儿总是借口忙,将晚餐端进房里吃。身为妈妈的直觉好几次让她想要开门窥看,但摆脱不了的罪恶感又让她缩手。

她想:"既然无法一直留在孩子身边,就也别总是抓着她吧。"于是她努力相信孩子的独立,以接受自己因疏离而生的寂寞。

她几乎再没机会看见自己准备的食物进女儿的嘴里。女儿只在过生日时仍愿意走出房门,许愿、吹熄蜡烛,小口小口地吃下一小块草莓蛋糕。那曾经是小女孩兴奋期待的庆典,如今却像是一场老旧的仪式。

长大,不再是那么单纯的喜悦。

那阵子,她工作很不顺,明明早在记事本上画了个草莓蛋糕,但一整天忙得忘了吃正餐,眼神匆匆瞥过那个蛋糕图好几次,却一点儿意识也没停留。

下班晚了,经过蛋糕店时才突然感到饥饿,女儿的生日瞬间像漏写的题目闯入心里!她冲入店里,但因忘了预订,冰柜里只剩一个孤零零的巧克力蛋糕。

丈夫特地提早下班,他们围着蛋糕,插好蜡烛,女儿缓缓走出房门。她正准备点上烛火时,女儿叹了一口气,说:"这什么啊?为什么不是草莓蛋糕?"

她说不出话,看着女儿转身回到房里,"砰!"一声甩上了门。

"不想吃就不要吃!"同一句话,她对着紧闭的门又怒吼了一次。

而今,这句话在她脑海中反复说了一万次。

第二章 平凡人都有的伤

╲╲╲

"我当初不该说这句话的。"她陷在过去里,流着泪说。

那句话仿佛是厌食症的咒语,而她是施咒的女巫,自此,难以破解。

"你女儿,也这么说吗?"我好奇地问,毕竟那是一个遥远的回忆,而且,曲折的生命往往不是单纯一句话就可以决定的。

人生累积的满足或伤痛层层叠叠,或许就如一个蛋糕,夹层里是各种口味的馅料,裹上厚厚的奶油后,挤上装饰花纹,再摆上最后的装点。纵切一块,我们可以看见表面的草莓底下是融雪般的奶油,再底下如矿脉般的是各色果酱与威士忌巧克力,而海绵蛋糕柔软的细孔里偷偷滋润着蜂蜜和花香。

倘若一口咬下,我们该如何厘清口中这些丰富又复杂的滋味呢?如何为这个蛋糕命名?是根据表面的,还是内含的?是占据最多的,还是最浓郁的?而所有的对与错、调和与冲突,又该由什么负责呢?

没有什么是决定性的,也没有什么是多余的,人在家庭内,也在家庭外,层层叠叠地,纵使尝尽了,也说不清那是什么滋味吧。

我只知道,她现在是用罪恶感去反复咀嚼这些话,还有《厌食家庭——探索心身症的家庭脉络》这本书。

˙˙˙

其实，米纽庆在《厌食家庭——探索心身症的家庭脉络》中所谈的是一个更复杂而动态但也更没有标准答案的家庭系统。在这本书里，不是去寻找错误的发生因谁而起，而是建构一种更完整的修复方式，探索更多的可能性与机会，并汇聚更多力量。

因此，当他提及"责任"时，相较于我们习惯的指责，他更期待的其实是力量与希望。责任由整个家庭承担，患病的女孩是家庭的一分子，也需要承认她在其中主动的角色，并相信她所拥有的希望与力量。

家会伤人，但家是所有人共同建构的，因此每个人都有责任与力量，让家转变为包容、支持的起始和归处。

- 你觉得很依赖妈妈。
- 你妈妈让你无法长大，请帮助她让你长大。

其实如果循着文章的脉络去看，这两句话所要诉说的意义就完全不同了。

第一句话是共情厌食症女孩的主观感受。第二句话的目的则是将固化的主观经验延展成两人之间的互动，将力量引发出来，邀请女孩去看见这样的连接并信任自己所拥有的力量，于是无助依赖的女孩，成为可以协助妈妈的角色。

米纽庆期待的是触发改变，而不是指出罪人后将僵化的家庭就此埋葬。

我将书往前翻，找到了我印象中的那几行字，她也早在底下划过了记号。

"我们希望能描述出形成家庭成员间功能不彰的人际互动，也就是家庭成员束缚彼此的反馈回路，藉此描绘出症状的不同定义与多重样貌，以及不同成员呈现的症状。我们企图把被标定的患者描述为互动过程中的主动参与者，其中没有加害者，也没有受害者，只有在日常生活中诸多细节上不断互动的家庭成员。"

这不是在说谁错或谁对，而是在提醒，家庭里的每一份力量与每一段连接都是重要的。

"没有加害者，也没有受害者"，只有共同组成的家，还有因此而产生连接的家人。

没有人应该被忽略，也没有人应该占有全部的爱，或承担全部的罪。

‵‵‵

她的心情依然随着女儿的体重起伏，只是听起来渐渐平稳下来了，但说出口的那句话偶尔还是会塞回她心里。

许久之后，她说了一件关于蛋糕的事。

那天忙碌如常，她回到家，看到女儿静静坐在餐桌前的背影。她放下沉重的袋子，在女儿对面坐了下来，发现桌上摆了一块草莓蛋糕。

突然想起来今天是自己的生日，她已经十多年没特别过生日了。

"你怎么知道我喜欢草莓蛋糕？"她看着女儿问。女儿似乎丰腴了一些。

"因为我不喜欢草莓蛋糕。"女儿说，那嘴红得像草莓，双颊则如滑顺的奶油。

"呵呵！其实啊，喜欢的是你爸，最早是他买给我的。"她不禁笑了出来。

这时丈夫也意外地提早进了门，他脱下西装，站在餐桌旁扯松领带，同时看着蛋糕问："咦？今天有人生日啊？"

"你老婆生日啊！忘了啊？"女儿抬头冲着丈夫说。

"不是忘了，是不小心没记住而已。奇怪，你也喜欢草莓蛋糕啊？"丈夫看着她问。

她没抬头，露出无奈的表情，与女儿相视而笑。

第二章　平凡人都有的伤

､､､

家能改变，伤才能痊愈，痛才能和缓，无论那所谓的家是在遥远的背后、更遥远的记忆里头，还是正在眼前。

恨是令人孤独、疲惫，甚至令人绝望的，有些孩子因此离开了家，伤痕累累的继续流浪着。

那，离不了家的父母呢？他们该如何为那些遥远的流浪里新生的伤负责？如何让孩子不再流浪？如何不再让恨折磨着彼此，不断投递到这个家来？

家是生命长河的源头，但愿是爱的源头，而不仅是恨的源头。

米纽庆的《家庭与家庭治疗》是我接触的第一本关于家族治疗的书，虽然时光已经相隔很远，但书中的一则故事，在我心中留驻至今。

米纽庆在第一章的开头，便引述西班牙哲学家奥特嘉（Ortega）所说的故事：

"皮里（Peary，极地探险家）说，在他的北极旅行中，他驾着拉雪橇的狗迅速地奔跑，向着北方行进了一整天。在晚上，他查看他的方位以确定所处的纬度，结果却极为诧异地发现，他比在早上时更靠南了，原来他是在一座被洋流带着往南的巨大冰山上整天辛苦地往北跋涉。"

　　米纽庆藉此阐述环境与个人的连接与互动，尤其是紧密环绕着"人"的家庭，就如皮里所奋力奔跑的那座冰山，你踏着它前进，但也被它带着后退。

　　的确，家庭对一个人的人格、价值观或人际互动模式的形塑，往往是最重要且影响最深远的。毕竟，无论你最后离家庭多远，最初都是从家庭而来，即使那所谓的"家庭"可能以各种复杂的形式构成，以模糊的方式被定义，甚至对你而言可能只是一个你不愿承认的稀薄存在。

　　但无论如何，你不是凭空出现的，是某种家庭结构将尚无从选择的你带到了这个世界，又让还无法独立行走的你获得力量，举起双手、移动双脚，反抗并离开这个家庭。

　　在生命的最初，家庭是我们依赖且唯一能够接触的世界，那个世界里往往是界线不明的。你的需求牵动了整个家庭的需求，就像婴儿的啼哭可以唤起全家的不安；而家庭的需求也操控了你的需求，如同婴儿在被命名、反复叫唤后，总会毫无疑惑地回头，承认那就是"我"的名字。

　　相反地，家庭与外界的界线却是封闭的。藉此，它给予我们安全的归属感，但也掌握了绝对的权力。面对陌生且复杂的世界，对于一开始仍是全然无知且脆弱的孩子，这样的指引、依靠与限制或

第二章　平凡人都有的伤

许是必要的，但也预言了未来必然的碰撞与抗争。

这就是家庭：保护你，但也能够伤害你；支撑你，但也可能压迫你。纵使你只曾经是它的一分子，但它成了你生命里永不枯竭的一道伏流，有时温柔地滋润，有时却泛滥地淹没你。

不是吗？我们就是如此隐隐地顺流而行，即使执意逆流，也是不自觉地走在深凿的河道里啊！

于是，就像脐带，即使切断了，但某些早已流入你体内的东西却再也切不断，一直在深处流动着，永不止息。

但是在家庭一代代冲刷而下的绵延河流里，我们到底该如何定位自己？哪些方向是我们难以抵抗，被巨流拉扯着前进的？而哪些又是自己划动，决意前往的？就像我们不断在问的：哪些是遗传的？哪些是在家庭中继承、学习的？哪些又是自己所萌生的？

"家会伤人"已经是不需怀疑的事。原生家庭的概念也逐渐为人熟知，而依附关系、童年，甚至父亲的角色，也在广泛的谈论中成为许多人自我探索的指引。大家都试着在自己的伤痛中，绘出一张地图，标示出所有可能成伤或坠落的缺口。

只是许多时候，这些贴近伤痛的分析带来的不是理解，而是愤恨与究责。"家会伤人"变成"家人是罪人"，我们困在无助的受害者里头，除了控诉与任由缺口撕裂外，我们对自己丧失了想象与希望。

焚毁回不去的家，有时对自己是残忍的，那不是救赎，而是让自己的某一部分跟着灼伤，就此干涸。

无声崩溃：年轻父母的困境

你没有对不起谁

那些伤是很痛的，没有人可以告诉你，你该怎么回应这些痛。

成为妈妈，是一种渴望、一份礼物，或是一项责任？

倘若是命运，那是艰苦，还是幸福的呢？

成为妈妈之前，我们是独立而完整的人，成为妈妈之后，我们依然是。

别因成为妈妈而失去自己，也别因未能成为妈妈，而否定自己。

妈妈之外，我们依然是脆弱而坚强的人，爱与哀伤，早已平凡而热烈地存在。

风使劲地吹着，她坐在草地上，干脆摘下抓不牢的草帽，任长

第二章　平凡人都有的伤

发被风拨弄。

这把年纪，已称不上飘逸。风早已吹白了发，吹皱了面容，也吹花了眼，吹淡了遗憾。但或许是这样，风已不是敌人，而是老友，吹了眼涩，吹了头痛，但也吹了自由。

离开阴影后，天空开阔，各式各样的风筝缤纷地洒落，青春的力道，高高扬起，在看似平静的拉扯里，享受飞翔。

草地上亦是缤纷的孩子，吹泡泡、玩沙子、骑车、丢球、仰望风筝。他们追逐、攀爬、嬉闹、哭泣、撒娇，与父母间同样有条看不见的线，以难以预测的力道，拉扯如风。

她喜爱这幅风景，贪恋这幅风景，永远看不尽的天空，看不腻的孩子，虽然总有淡淡的哀伤，如偶尔扬起的风沙吹进眼里，但流一滴泪就好，那微微的刺痛远小于美丽的满足，轻轻一吹，便又散了。

或许是因为未曾拥有吧？所以永远贪恋着，永远能感到满足。远远看着就好，不用追逐，不用拉扯，也不用放手，就任风从陌生孩子细柔的脸庞与发丝间吹过，然后吹上自己的心头，那些嫉妒、怨恨、失落、哀伤啊，吹着吹着，都慢慢吹散了。

不曾让风筝飞起，也就不担心坠落了。

风吹干眼泪后，她是这样想的。

那草原上，未曾有自己的孩子，但孩子，终究也不是自己的，是吧？她依然深爱这些孩子们，即使未曾拥有，但爱却始终吹拂着。

这是妈妈的爱吗？还是对生命难以抗拒的爱呢？她难以回答，她从未真正成为妈妈。

但，那又如何？

她深吸一口遗憾的酸楚，看着一只风筝坠落，一个孩子哭了，另一个孩子笑了。终究是要坠落的，就如生命一般，而生命，使人哭，也使人笑。

风吹来，她也跟着笑了。

丈夫端来两支冰淇淋，一支覆盆子草莓红酒，一支威士忌杏仁抹茶，他们俩依偎着，伴着日落缓缓品尝。太阳会先在天空融化，然后沉入山里，接着夜晚的酒色就发散出来了。

终究要融化，但如果一直等待下去，便真的只有融化，而不曾体会过什么。

再等待下去，或许连自己都会失去了。

＼＼＼

有好几年，她只要一想到冰淇淋就会涌起一阵哀伤，眼泪会在她眼眶里不停融化，而舌尖的冷，宛如一条毒蛇，狠狠咬下，钻入喉咙、在下腹翻滚，最后从阴道窜出。

像当初那样，冷冷地窜出。

第二章 平凡人都有的伤

那是死亡的恶毒与寒冷，从她的记忆与身体里再流过一次，阴道就像永难愈合的伤口，每个月，都得流一次血红的泪。

怎能忘记？最多，只能不刻意去想起吧！

在第一次流产之前，她并不知道什么是习惯性流产，甚至不知道，流产这件事，竟能被习惯。

刚结婚的她，青春正盛，像朵溢满蜜与香的花，阳光充沛，蝴蝶飞舞。她的生命途经春天，仿佛有座花园在她体内，缤纷浓郁，肥沃而丰饶，没有什么，不能在里头盛开。

婚姻是爱情的果实，但她并不打算让婚姻接着结果。当时她的生命里，还有许多更重要的事情，如果怀了果实，她将来不及采收，无暇品尝。

她想慢慢地，好好地，迎接生命。

于是她忙着避孕，全然不知，其实生命并不是那么轻易，而理所当然的。

一切就绪后，她在春天的尽头，开始全心全意地等待生命。

很顺利地，蝴蝶飞来了，B超里的胚胎如枝头胀大的子房，"沙沙"的心跳声，像一种神秘的能量，召唤着生命。

恶心、水肿、燥热、味觉的诡异变化……她专注地体会并想象着：生命里孕育着另一个生命，是怎样的一种奇迹？

╲╲╲

生命的孕育仿佛是道繁复、精细却脆弱的魔法,任何咒语都可能破坏它,没有人有把握,是什么能将生命安全地带到这个世界。

就像十九世纪前的女人那样,唯有婴孩顺利产出,你才能安心地确认,你真的怀孕了,而生命也真的降临了,不仅仅只是一场秘密般真实的梦!

沉浸在喜悦之中,她忍不住泄漏了秘密。而在祝福里头,难免挟带了许多关于禁忌的提醒:

别举重,别爬高,别搬家,别钉钉子,别拿剪刀,别被拍肩膀,别穿高跟鞋,别参加婚礼,别戴耳环……

别喝咖啡,别吃薏仁,别吃木瓜,别蘸酱油,别吃螃蟹,别喝茶,别吃冰……

"可是我突然变得想吃冰淇淋。"原本不嗜甜的她,燥热地向丈夫抱怨。

"你确定吗?"丈夫皱着眉问她,分不清这是撒娇还是命令。

"很奇怪,就突然很想吃啊!"她的脑海一直浮现对冰淇淋的想象,仿佛非得吃一口,才能让自己平静下来。

"你自己不是说别吃比较好吗?"丈夫疑惑地问。

"这不是我能决定的,我的身体里现在还有别人啊!一定是他

第二章　平凡人都有的伤

想吃，害我这么痛苦。"

"既然不是你想吃，那就先忍下来吧。"

"哼！反正难受的又不是你。"她翻着白眼说："我看这家伙这么爱吃冰淇淋，我们就叫他'冰淇淋'好了。"

"好啊！感觉很甜，很幸福！"丈夫松了口气，笑着说。

"你一定觉得是女儿。"

"你怎么知道？"

"看你的表情跟语气就知道了。女儿才甜啊，比你老婆甜啊！"

"呵呵，如果儿子也很甜，也很好啊！"

"反正比你甜。"她别过头去，继续想象着冰淇淋的滋味，也想象起婴孩柔软滑嫩的肌肤，与甜美浓郁的气息。

她好想好想，现在就品尝一口。

然而，他们还未等到，冰淇淋就融化了。

＼＼＼

她还记得那天，B超室冰冰凉凉的，肚皮上的凝胶也冰冰凉凉的，但她的身体却感到发烫。

六周小生命轻巧的心跳声，从黑暗中传来，仿佛专注的脚步声，正开始一小步一小步，展开一趟遥远的旅行。

"听起来很不错呢！"医生眯起眼微笑着说。

"是吗？"大家都说听见心跳声就可以先安心了，但她不知道怎样的心跳声，听起来才算是强壮、健康。"那有什么要注意的吗？"

"嗯……你不抽烟，不喝酒，身体也没什么疾病，好像还好。"医生将眼睛从屏幕转向她。"有什么担心的吗？"

"我想吃冰淇淋……"她说着，听见了自己越来越快的心跳。

"呵呵。"医生的笑声穿透了口罩，是种轻松却又带点怜惜的笑声。"不敢吃冰吗？呵呵，别担心，今天就放心吃吧！听到小宝宝的心跳声，该好好慰劳妈妈一下。"

"真的没关系吗？"丈夫一脸担忧地问。

她瞪了丈夫一眼。

"我们不觉得有关系啊！至少今天，值得好好庆祝一下吧！"医生以肯定的眼神看着他们说。

那一刻，她的心跳才缓缓安定下来。

他们到了前往医院的路上总会经过的手工冰淇淋店，冰柜里排列整齐的长方形银白铁盒，盛满五颜六色的冰淇淋，仿佛活着的小生命，静静睡在保温箱里。

"你也想吃吗？"她一边隔着玻璃欣赏，一边问丈夫。

"本来没特别想，现在看到就想了。"丈夫也盯着冰柜里头瞧。

第二章　平凡人都有的伤

"知道我的感觉了吧。"她闷哼了一声。

"好像终于有一点了。"丈夫回她。

她又瞪了丈夫一眼,心里头却有种说不上的温暖。

她点了覆盆子,丈夫点了抹茶,他们坐在冰凉的店里,一口一口以体温融化幸福的滋味。酸酸甜甜的,她摸着肚子,品尝着未知的、复杂的一切。

那一晚,她是幸福的。

\`\`\`

过了几天,她突然感到下腹一阵闷痛,在公司的厕所里,眼泪与血块一同流了出来——她知道,她将期待打翻了。

"对不起,对不起!我没想到……不对,我本来就知道的……"她打电话给丈夫,不断地哭着。

她无法不想起那浓郁而暗红的覆盆子,聚生的果实就如分裂、膨胀的胚胎,吸饱了血与蜜,甜美却脆弱。如今,那成了冰淇淋,被打翻的冰淇淋,在她体内融化,然后,灼热又冰冷地流出。

"先别急,你等我,我们去医院检查一下,可能只是小出血而已。"丈夫安慰着说。

"对不起……我真的知道,宝宝已经……对不起……"她继续哭着。

当躺在冰冷的B超室里,以空洞的眼睛看着空洞的子宫时,她的泪已干了。

从此,冰淇淋成了禁忌,她怕着、避着、恨着,却又牢牢记着。

╲╲╲

为了安抚内在的心魔与外在的唠叨责难,她不再触碰禁忌。

世界仿佛贴满了符咒,她只能护着肚子,缩着身子行走。生命是魔法,死亡亦是,而她已没有勇气与力量去验证,无知的到底是这世界,还是自己。

血与泪皆已干涸,她只求平静,平静到足以聆听孩子的心跳便好。

然而,生命还是残忍地对待她,所有的魔法最终都变成咒语,她不断地流产,不断地面对期待与紧接着的失落。

毫无喘息的余地,毫无平静的片刻,她真的什么都没做,也什么都做了……这时,她却什么都做不了。

"为什么会这样?真的找不出原因吗?总有什么办法吧?"她奢望医生的白袍底下真的有魔法。

"有时就是会这样,我们再努力看看吧!"医生悲悯的眼神里透露了真诚的无助,理解了她,却无法给予任何安慰。

第二章　平凡人都有的伤

＼＼＼

她被转介到风湿免疫科，医生做了几次检查，看着那些红黑相间的数字说："这些指数都还好，很难说是什么诊断，只能说，你某种免疫功能特别敏感，该关上的时候没关上。"

夫妻俩研究过许多资料，一知半解地听着。她问："是我免疫力不好的意思吗？"

"也不是那个意思，不是好不好的问题，应该说是'失调'。简单讲，就是你对你的孩子过敏，所以身体就把他当作刺激物排除掉了。现在我们要做的，就是试试一些药物，让你的免疫恢复平衡，不要那么敏感，让它知道你怀孕了，宝宝是你邀请来的客人，不是坏人，这样才能让怀孕顺利继续下去……"医生努力地解释，但终究无法完全解答。

已知永远追赶不上未知，她稍稍知道怀孕是什么感觉，但仍不知道拥有一个孩子、生下他、拥抱他、哺育他、逗弄他，甚至斥责他，究竟是怎样的感觉。

那对自己的孩子"过敏"呢？这是什么意思？

那是心理的抗拒、身体的排斥，还是潜意识里的厌恶？妈妈怎能对孩子过敏！难道那不是真心的渴望，真挚的爱？而只是一场终究流产的骗局，欺瞒不了自己身体的谎言？

她无法不感到羞愧与罪恶,"过敏"像一道咒语在她脑中萦绕,搅动出太多太多联想与隐喻,却没有任何一项是与爱有关。

仿佛是她亲手杀了自己的孩子。

类固醇、阿司匹灵、奎宁,还有她分不清的免疫抑制剂还是调节剂……医生调制了许多种药水,却还是不能破解咒语——那或许是比不孕还残忍的咒语:"你可以怀孕,但永远生不下孩子。"那是生与死面对面的碰撞挤压,不断地剥夺、吹灭、硬生生摘落,比从不给予还痛,比绝望还令人绝望。

她开始觉得,如果这时还怀抱任何希望,都是一种自我欺骗。

她的子宫是一座沙漠,又像一盆炉火,除非她能找到永不融化的"冰淇淋"。

〵〵〵

好友知道她这几年的折磨,约了见面,想好好说说话。

那是间黄褐木头漆上红绿鲜亮油彩的墨西哥餐厅,恍如朵朵燃烧的仙人掌花,绽放在沙漠里。

她其实不是很想赴约,心里满是阴影的她,空无一物,能够燃烧的只有愤怒。但她明白朋友的善意,也担心自己会一直躲在阴影里头,于是疲倦地勉强了自己。

第二章 平凡人都有的伤

只是,她依然很难穿透哀伤,似乎唯有带着刺,才能像仙人掌一样,在沙漠里存活下来。

一坐下,朋友关心的眼神就像灼热的太阳,让她感到干渴刺痛。四周过度明亮的色彩,毫无遮蔽,无处躲藏。仿佛是一场没有自己容身之处的盛宴,笑声、歌声、吉他声,酒杯清亮的碰撞声,像沙漠的阳光一般充沛张扬。

这是点燃火把,举杯欢庆的地方,不允许软弱与悲伤。

但她早已燃烧殆尽,在她眼里,红色是血,绿色则是产台上擦拭死亡的布单。

"呵呵,我都忘了芙烈达也是墨西哥人啊。"她弯起辣椒般鲜红的唇说。

朋友一愣,顺着她的目光回头,看见墙上挂了幅色彩艳丽的芙烈达自画像。

芙烈达是墨西哥著名的女性主义画家,但在看似桀骜不驯的浓眉底下,其实是深受女性角色捆绑而流尽泪水的眼睛。芙烈达和她一样,被反复的流产折磨着,而最终,未曾产下自己的孩子。

这面芙烈达的墙应是蓝色的,如钟文音在记述拜访芙烈达故居"蓝屋"的短文《所有的事都因爱而完成》中所写:"卡萝日记写钴蓝色的意义是电与纯净和爱,深蓝色是遥远、温柔。"

而如今,这餐厅的墙是橙黄色的,是阳光、温暖与丰收。

那不是芙烈达的颜色,也不是她的颜色。

"啊!对不起,我没注意到。"朋友尴尬而歉疚地说。

餐厅里的画作都是挑选过的,有花、蝴蝶、猴子、鹦鹉、蜂鸟、恋人,与无论是爱恋、寂寞或冷酷,都依然美丽而骄傲的芙烈达。

没有鲜血、眼泪、剖开的心脏与死亡。与她记忆中的芙烈达全然不同。

"没关系,是我太敏感,不是你的问题。"她微微一笑,像忍着痛那般,"医生都说了,是我的体质特别敏感。"

一阵沉默后,不知所措的朋友问:"不然,我们换个位置好了?"

"不用了,反正我现在没怀孕,总不会再凭空流产了吧。"

她脑中清晰地浮现那张芙烈达在冰冷金属板上完成的画作《亨利·福特医院》(*Henry Ford Hospital*)——远方地平线上是矗立着烟囱的工厂,垂着眼泪的芙烈达赤裸地躺在染血的病床上,红色的缎带自她的腹部与六个物件相系:蜗牛、莲花、骨盆腔、不知名的机器、下腹部的纵剖模型,与死去的男婴。

那是芙烈达再度流产后,关于死亡、哀悼死亡与对抗死亡的画作。

"卡萝的肉身在她还活着时就已然和死挂在一起,生与死彼此为邻,死是她每日必须交手的朋友。"钟文音如此写道。

"真的很抱歉,我明明知道你已经很难过了……"朋友哽咽地急着解释。

她终于也忍不住掩面啜泣了起来。"真的要说对不起的人是我……对不起,我不应该对你生气,但……"

她既羞愧又哀伤,不知该对谁生气,那痛苦是极其孤独而内在的,像一个未完成的秘密,没有人可以理解、确认和靠近。

她甚至怀疑,从未真正成为妈妈的自己,是否有资格承受这属于妈妈的哀伤。

钟文音引述了芙烈达的话:"我画我自己是因为我经常孤独一人,因为我最清楚的对象是我自己。"

芙烈达是孤独的,她也是,而她们彼此却安慰不了对方。

怀孕前,她在《痛并快乐着——燃烧的芙烈达》书中读到了这段话:"我想要有自己的孩子,这个想法远比'就算没有孩子也没关系'的理由更为强烈,只要能把孩子生下来,身体承受多大的折磨都无所谓。"

当初,她为此感到哀伤与感动,而今,她视它为咒语。

永远无法破解的咒语。

ˎˎˎ

于是,她来到了诊室,彷徨、愧疚而无助,如一只布满伤痕与孔洞,随时都要碎裂的容器。她被自己所蔑视的一切诅咒了,她战胜不了禁忌,战胜不了命运,也战胜不了自己的恐惧。

"我失控了,我觉得我好像变成了另外一个人,我背叛了自己,相信我不应该相信的事,害怕不应该害怕的东西,我觉得……我变得很愚蠢,心里头只有愤怒愤怒愤怒……"她用力握紧自己的愤怒,流着泪说。

反复流产似乎是她唯一的故事,她已厌倦得不想再提。一次又一次,失去的应是不同的生命吧?但相同的故事,已让她分不清那些哀伤有什么不同了。

一再的伤痛使人愈加脆弱,而脆弱的时候,人总很难相信自己。

"经历了这些,你当然有权利拥有任何情绪,那些伤是很痛的,没有人可以告诉你,你该怎么回应这些痛。"我说。

"情绪也会影响孩子不是吗?但我已经掌握不住自己的情绪了,我开始不相信自己能够……甚至开始害怕怀孕。或许,真正让我流产的就是这些情绪、这些想法,是我自己……"

她自己成了咒语本身,而这更令她感到愧疚。

"我开始怀疑,我是不是已经没有能力去爱了,我是不是根本就不想拥有……我的孩子。"她悲痛得几乎说不出口。"对不起,我不应该这样想的。"

"你没有对不起谁。"我看着她,坚定地说。

我相信她,即使她不相信自己,但那些哀伤是如此真实,不正是爱落空后,重重撞击、碎裂的痕迹吗?即使不够伟大,不够无私,但那已是人性里最纯真、最坚韧的爱了。

无论如何,她得找回力量,找回对自己的信任,即使无法成为一位足够好的妈妈,她也是一位平凡、真实且足够好的人。

"你没有对不起谁。"我反复地说着这句话。

相信,才能让她拾回力量。

明白妈妈对孩子的影响,并不是为了让我们有目标去控诉、去究责,而是明白妈妈的重要及负荷,并珍惜这愿以平凡的肉身及灵魂去承接生命的勇气。

以及,永远伴随的脆弱。

"你的责任,只有把自己照顾好。"既然妈妈如此重要,没有理由让她继续破碎下去,不是吗?此刻,眼前伤痕累累的她应当优先于一切。"你要做的,不是去压抑、克制,甚至谴责自己,而是看见自己的伤痛,包容并善待自己。"

足够好的妈妈是被需要的,但我们得先看见妈妈是否获得了足够的需要。

她不是芙烈达,过去不是,现在不是,未来也不会是。芙烈达的故事已写完，而她可以选择，接下来如何写她自己的故事。

讨论后，她暂时放下妈妈的角色，搁下药物对胎儿的风险，回到自身。我们开始面对伤痛，开始治疗，开始修补那破碎的肉身与灵魂。

成为妈妈之前，不能失去自己。而唯有自己，才能为自己做出选择。

＼＼＼

过了好长一段时间，她才将自己拼凑回来。她不再是过去的她，有了缺憾，但也有了新的拥有。而身旁一直陪伴的丈夫，也经历了他自己的碎裂与愈合。

时间，让生命给出了自己的答案。

他们告诉我他们曾讨论过领养的可能性，但最后放弃了这个选择。

"如果拥有另一个孩子只是为了填补我的空虚，麻痹我的哀痛，我想，那是自私且无用的，我依然想念我的孩子，而我的爱一点都不神圣，或许日日夜夜，我都将被一种奇异却又令人羞愧的感觉困住——那是我的孩子，却又不是我的孩子……如果我的爱有所犹豫，那是不公平的，"她停了一下，又说："对我自己也不公平。"

第二章 平凡人都有的伤

的确,那不是件容易的事,而她也终于学会不勉强自己,接纳自己此刻真实的感受。

我仿佛看见她终于将生命稳稳地盛起,只是这次,这生命是她自己。

"为了成为一个妈妈而去当妈妈,或许是不必要的。这几年来,我才真的有时间和机会去思考自己为何要成为妈妈?其实我已经是妈妈了,只是我和我的孩子提早告别,那些记忆、那些感觉,即使只有我自己明白,却是真实的。

"我失去很多,但我曾拥有,我永远不会忘记,或许……这便已足够。好短暂却也好深刻,几乎耗去了我大半的生命,真的够了,够了。"她轻轻笑着说。

一匙一匙,使劲地朝深处挖着,最后,她就像是被挖空了的冰淇淋铁盒——空了,于是盛住了自己。

╲╲╲

她送了我一小盒冰淇淋作为道别礼物。"这是我最爱的覆盆子,也是我最难忘的味道,每次吃,都会想起很多事情。"

"不忌讳了?"我接下了掌心大的盒子,问她。

她笑着摇摇头。"我只是对孩子过敏,并没有对冰淇淋过敏哦!"

冰淇淋在我口中融化，浓烈的酸甜让我不自觉皱起眉，却又感到满足。终究是要融化的，但那滋味，却永远不会忘却啊！

怀孕是如此神秘，而妈妈与胎儿间，又仿佛存在着某种超越生理、难以言喻，却又不证自明的连接，是情感上，甚至是灵魂上的。

花来自土壤，鱼来自海洋，那么在肚腹里孕育胎儿的是土壤、海洋，还是某个穿越时空，唯有最神圣、最纯洁的灵魂，才得以穿透的宇宙隧道呢？

成为妈妈是被拣选的，是神圣的，亦是责任、囚禁与献祭。那是一种极为拉扯的矛盾，是骄傲的特权，却也是无从选择的宿命。成为妈妈，仿佛是生命唯一的目的，也是唯一的意义。

于是，"母性印记"的思想，流传并深植于欧洲十八世纪的信仰里：孕妇的想象会影响到腹中的胎儿，形成胎记或者导致畸形。

克莱尔·汉森（Clare Hanson）在其所著的《怀孕文化史——怀孕、医学和文化（1750-2000）》中提到："那些支持母性印记观念的人认为，孕妇的想象受到她们对特定物体的渴望或讨厌之情的影响非常强烈，以至于这些物体的物理形状会对其腹中正在发育的胚胎/胎儿产生影响。"

灵魂总是以神秘的方式回答我们所有难以理解的事情，不是吗？或许可笑，却又令人感到哀伤。妈妈竟有如此大的力量，与如

第二章　平凡人都有的伤

此大的无能为力。

十八世纪晚期，这些荒谬的信仰受到男助产士与产科医生们的强力反对与驳斥。然而，孕妇并没有因此获得自由。

理性与科学依然无法将妈妈从这令人窒息的连接中释放出来，情绪对怀孕的影响持续获得更多的相信与支持，只是它从超越个人的神秘力量，转变成一种可以被感受、看见、标识且局限于个人的责任。

仿佛如此，它便可以被操控、被克服、被理性平稳地驾驭。

克莱尔·汉森称之为"母性责任"（maternal responsibility）："它鼓励妇女内化关于其怀孕责任的医学——社会观念，并因此而约束自己的情绪和采取适当的（被迫的）行为。"

这巨大的文化框架借用了科学与理性的铆钉，坚固得几乎没人能够挣脱。

女权主义哲学家玛丽·沃尔斯考夫特（Mary Wolfstonecraft）在她怀孕时的书信里写道："是我应该变得更加理智的时候了，再多一些这样反复无常的敏感性，就会毁了我。……我正在折磨或谋杀一个可怜的小生命，它日益让我感到焦虑和脆弱，而现在我能感受到它的生命存在，这些想法使我变得更加糟糕。"

神性、灵性或理性的争论，终究也只是人性放入不同的框架时，被扭曲成的某种样子。

身为妈妈最渴望的，或许仅是能被当作一个平凡的人看待。以人性期盼她，以人性包容她，或许，这便是最人性的温柔了。

现代医学试着穿透怀孕的神秘面纱，看见更多真相。的确，我们看见了更多，看见妈妈的情绪会影响胎儿的生长，看见压力荷尔蒙能跨越胎盘，使母婴成为感受的一体，看见环境能改变基因的表现，子宫是宇宙里的小宇宙，是环境的一部分，在胎儿出生前，便已成为环绕他的世界。

而父亲也未置身事外，他给予的种子自始便埋藏在那儿，等待萌芽，或无法萌芽。

生命不是我们可以掌握的，却没有人与它无关。

即便如此，我们是看得更清晰，还是更懵懂？我们看见了，但又能明白什么呢？

那么，我们该如何看待所谓的责任？

第二章　平凡人都有的伤

迎接生命是爱，告别生命是更痛的爱

决定需要勇气，那是一种承担，是一种选择面对痛苦的决定。

面对未知生命的取舍，没人能替你决定，更没人能够因此责难你的决定，无论如何选择，那都是负责的决定。

那样的爱与痛是私密而孤单的。怀孕，是一种孤单的体验，生命已然发生，却仍像仅存于想象里，但爱已存在，痛也如此真实。

爱很难，放手的爱更难。

B超室的色调是粉红色的，以粉红色的塑胶、泡棉与合板装潢，尽管如此，在冰冷的空调中依然显得单调而疏离。

不至于令人感到压迫，但是疏离，像是粉红唇色上的淡淡微笑，有礼地邀请你，但无意贴近，与你留下太多连接。这只是一个空间，粉红色的气泡贴满丰腴红嫩的婴儿笑脸，试着告诉你：这里欢迎婴儿与妈妈，你可以像在家一样放轻松一些，迎接那即将到来，有着同样丰腴红嫩笑脸的孩子。

但终究，不是家。这只是一间检查室，你怀着未知而来，而所有检查都隐含着噩耗的可能，即使只有千分之一、千万分之一……微小到难以想象，你依旧无法安睡。

╲╲╲

桃红色衣服的护理师领她进房间，她躺上床，缓缓挪动沉重的肚子，丈夫拉上了围帘，与她一同待在小小的空间里，她享有短暂的沉静和最后一口私密的呼吸。

妇产科医生以高昂的音调唤了她的名，接着拉开围帘，推着B超仪器进来。

"妈妈会不会有点冷？这件毛毯给你。来，我们把肚子露出来，忍耐一下，这有点冰冰凉凉的。"

她掀起上衣，微微拉低裤头露出隆起的肚子，那是属于她却又不完全属于她的身体，而暂时，将交付给医生。

"有感觉到胎动吗？"医生边问，边在袒露的腹丘挤上冰凉的透明凝胶。

第二章　平凡人都有的伤

"嗯……还没有。"她带着困惑的罪恶感回答，仿佛她没有仔细聆听这正在她体内酝酿的秘密。

"嗯，现在应该还感觉不到，一两个月后就会比较明显了哦！"医生在探头上抹了凝胶，切暗灯，转头按着一些微微发光的按钮。

她获得短暂的安慰，却又掉入另一种悬空的不安：在她这薄薄的肚皮底下，身体里竟有一个离她如此遥远的秘密，看不见也摸不着，只有沉沉的重量。而久久探访一次的医生仿佛比她更熟悉这个秘密。

"好，让我们来看看你躲在哪里啊？"黑色的屏幕，乳白色的机器，冰冷的房间与冰凉的探头，就像一场宁静但令人不安的宇宙旅行，沿着日渐伸展弯曲的弧线无声地滑动。

她的腹内有个宇宙，而医生是飞船驾驶员，领着她，进入她自己全然陌生的身体里：从第一次产检开始，看着光点在黑暗中浮现、闪烁，像银河流动，星云汇集。屏幕如一扇太空舱舷窗，她从小小的缝隙窥探，寻找那浩瀚的黑暗中，渺小又巨大的生命。先是那神秘发光的种子，然后是序曲般的搏动，胚胎成形，蜷曲的身体和模糊的脸在无重力的摇篮里半梦半醒。

我们已抵达新生的星系，等待你为之命名，为之旋转，为之等待。

李欣伦在描写她成为妈妈后种种的散文集《以我为器》中,引用美国女性主义政治哲学家艾莉斯·马利雍·杨(Iris Marion Young)对于怀孕的比喻:"就好像新生命是从另一个星球飞来,而她坐在窗边的摇椅上,有时将窗帘拉到一边,看看宇宙飞船是否即将到来。"简媜在著作《红婴仔》中亦将胚胎的成长比喻为小行星的旅程。

偶然但非巧合,不同时代的妈妈作家皆用了"宇宙"的隐喻,才足以容下生命那巨大的谜。

世上最让人感到神秘而不可测的,或许正是生命、死亡与宇宙吧。而生与死其实是同一件事,只是穿越宇宙时,不同阶段的旅程而已。

＼＼＼

冰凉的探头像探测船在星球表面滑动,所有目光都聚拢在屏幕里流动的光点。

虽然不是第一次看到,但她还是感到神奇而震撼,那些星点串成的图案竟与无数网络上的B超图像相同,与无数别人的孩子相同。医生还没开口说明,她便看见了:那是嘴、鼻子与眼窝,紧紧相连着绵延到额头的海湾,然后顺着和缓的坡,翻越了小巧的头颅,抵达后山坚强的背脊,撑起了一整片森林。

第二章　平凡人都有的伤

其实还是不同，这是她独有的孩子，可以在他身上看见自己和丈夫的影子。分不清是想象还是真实，但她就是看得见。

"嗯嗯，在睡觉啊。妈妈你看，这是头……鼻子，亮亮的这是鼻骨，看得出来哦？"

"嗯嗯。"她微微点头。

"现在他躺着哦，这边是脖子，来你看，黑黑的这一层叫'透明带'，我们量一下……嗯，有点厚哦……"

黑暗中发生了无声的爆炸，她瞪大眼睛看，怎样叫"有点厚"？她像大多数的妈妈一样认真地做了功课，将所有似懂非懂的名词与数字硬塞入脑里。她知道这次的产检就是要测量颈部透明带……十一周到十三周，然后几天？正常的厚度是1.5到2.5毫米，平躺的姿势……染色体、染色体……二十一？是"唐氏征"？……

纷杂的信息在她脑中混乱进出，最后停滞在"唐氏征"这三个字上。

"有多厚？要不要再量一次？是不是量错了？"

空气仿佛凝滞了一秒。"妈妈别担心，我会仔细再量一次哦！"

探测船继续在星球表面移动，医生熟练地操作，按键发出声响，锁住画面，放大再放大，游标被拖曳着拉长，像一根针插入黑暗。

她迷路了，认不出画面是停在哪儿，想象中的孩子消失了……到底有多厚？那该死的黑暗到底有多厚？

最后医生说:"嗯……2.7毫米,真的比较厚一些。"

↘↘↘

得知怀孕后,她怀着喜悦和不安与丈夫安排了一次小旅行。

"第一次家庭旅行。"她摸着自己尚未隆起的下腹,笑着对先生说。

适逢冬春交际,生命正苏醒。他们在微雨里沿着田野边缘前进,曾走过的风景,如今变得如此鲜丽,她仿佛透过一双新生的眼睛在观看世界,目眩神迷。

她吐了好几回,自己像土壤被新芽掀开,生命的力量彻底接管了她的身体,敏感、脆弱、野蛮又丰富辽阔。气味、色彩和声响都化为生命的痕迹与呼唤,她忍不住被虫鸟、小兽、新叶与花苞吸引,然后不明所以地被浓郁的情绪填满,流下泪来。

两人来到一片梨园,洁白的梨花开满了视野,像枝头未融的雪。她未曾想象过梨花是如此美丽。果园主人告诉他们,梨花开的季节恰巧多雨,如果雨将蕊上的授粉冲落,树便结不出果;有些果农将花期提早以闪避雨季,果实多了,却粗劣而不甜美。

"接受大自然的安排,才能领受大自然的恩赐。"主人像信仰什么似的说着。

"如果是女生,我们就叫她小梨花。男生,就叫小梨子吧!"

第二章　平凡人都有的伤

她告诉丈夫。丈夫替她撑着伞，微笑点头。

雨温柔又残酷地下着，生命也坚强而脆弱地承接。农场主人的话反复浮现在她脑中。

生命一向从未知中诞生，然后继续往未知前去，而此刻说定了小名，就仿佛生命已授粉着果，具体成形。她抚肚轻轻唤着，在心中紧紧抓牢了脐带，想象爱已能被听见。

"小梨，要乖乖长大哦！"

这趟未知的旅行将能安然完成……

是吧？

＼＼＼

两周后，唐氏征筛检报告出来了，1/190。医生建议再过两周等羊水充足，做羊膜穿刺。

1/190？多么诡异的数字，一个东西该如何切成一百九十份？那是多，还是少？

"一定要做吗？"已等了两周，还要再等两周，然后再两周才能知道结果，她痛恨这令自己无能为力的等待。

"通常大于1/270就是高风险，我们会强烈建议，这样妈妈也比较能安心……"

"为什么你们不能把报告改成百分之多少？1/190，这是什么奇怪的数字！"

听到"安心"两个字，她突然被刺痛而恼怒，脑中一团混乱，分不清1/190和1/270谁比较大，何来安心！

从那趟旅行回来，她得了场小感冒。

"这和感冒无关啊！何况根本就还没确定。"丈夫想帮她整理脑中的秩序。

"如果是呢？"未知是没有秩序的，无论是1/190、1/270或1/1000，她肚里唯一的孩子就是那完整而无法分割的"1"。"如果是，要生下来吗？"

"先等结果再说吧……"丈夫贴着她，不再说话。

那次产检之后，她不再唤孩子的小名，她想保持疏离，就像面对毫无感情的陌生人。

那就只是一个曾意外相遇然后分离的物体，跟一窝未能孵化的蛋一样，甚至是卖场冷冻柜里那一盒盒分辨不出差异的蛋，那些都尚未成为生命，而自己也尚未成为妈妈——她得一再地这样告诉自己。

她害怕任何残留的亲昵，都会让她无法告别，一旦成为妈妈，她就有了孩子，而失去的哀伤将永远停留在她体内。

第二章　平凡人都有的伤

＼＼＼

"放轻松，像打针一样而已。"在冰凉的检查室，医生的声音又像从宇宙传来。

其实她一点都不紧张，哀伤反而大过了一切。宇宙里，蜿蜒的轮廓隐隐浮现出天真的脸，沉浸在宁静、祥和的羊水里。如果她也能如此一无所知，该有多好？

"多久可以知道？"其实她知道，但还是问了。

"大概两个星期，如果早点有结果，我们会尽快通知你。"医生的眼里闪烁着祝福。可惜未知的宇宙太大，而那祝福的光芒太小。

在等待的过程中，她感受到了胎动，难以言述却又如此真实，她忍不住流着泪回应："小梨，你睡醒啦？"

感情怎能伪装？即使她可以与世界保持距离，否认外在的一切，但要如何跟自己体内的世界保持距离呢？那是她正孵育着的秘密，没有人能窃取，也没有人能帮忙保管。全世界都可以假装这生命未曾存在过，唯有她不能，她是唯一聆听且回应的人，她不能。

她只能等待。

简媜做了羊膜穿刺，等待报告中的她说："那二十一天的我，如无辜者被押入黑牢。"

李欣伦也做了羊膜穿刺，"不痛，但眼泪竟无声滑落。"她为此写了许多字,不得不写,一笔一画皆真实而赤裸,深刻疼痛着,仿佛如此,她才不会遗忘曾经的路,又或者她才能继续前进。"就算报告结果正常,也不代表孩子百分百正常。这是什么意思?我反复思索这如神谕般的话。"她写道。

✎ ✎ ✎

"我想把他生下来,即使……"她告诉丈夫。

"你确定吗?"丈夫看着她闪避的眼神。

"我确定。"她答得很快但很轻。

丈夫深叹了一口气。"那……我们何必做羊膜穿刺?"

"是我,不是我们。"她说。

丈夫愣了一下。"我知道,那你何必——"

"知道了,可以提早做准备。"她抢着回答,其实她发现丈夫在悄悄搜集唐宝宝的资料,她想打破沉默诉说、呼救,想要确定自己不是孤单一人。

"我也很舍不得,只是这样会很辛苦。"

"我知道,可是……"她流下泪来。她不懂,丈夫到底是在靠近她,还是在远离她。

"只要你确定就好。"丈夫依然温柔地看着她的眼睛说。

"我不确定啊!我怎么可能确定?为什么我得做这么残忍的决

第二章 平凡人都有的伤

定？为什么？你不能替我决定吗？医生不行吗？为什么没有人可以替我决定！"她崩溃地哭泣，腹里的胎动也剧烈得宛如挣扎。

医生不是神，妈妈也不是神，在未知的命运面前，我们只能选择，无法决定。

此刻，她想象着厄运，又渴望奇迹，于是种种科学与数字都失去了理性，医生只是白袍巫师，而检验犹如占卜，无论她多么虔诚都掷不出圣筊，摆脱不了绝望。

她被生命与妈妈的十字架压垮，像所有无法对抗命运的女人一样：堕胎、流产、送养孩子……背负着自私无爱的罪名，独自承受着矛盾的哀伤。

仿佛她们不配拥有那种哀伤。

丶丶丶

她无法再平静地等待，哀伤地来到了诊室。

"我不想这么难过，但一想到我有这种念头，又觉得自己好自私。"她哭着说。

"如果真的自私，你就不会这么矛盾和痛苦了。而且还不知道结果，不是吗？"我说。

"但我已经有了那样的想法啊！医生，你知道吗？这阵子我都不敢吃，我很怕宝宝长太大，那到时候我的悲伤就会更大……"她说不清自己的想法,但感受是如此强烈。

小小的死亡就可以假装不是生命,小小的告别就能够隐藏哀伤,若是小小的孩子,痛也就可以小小的吧……

心理学大师罗洛·梅(Rollo May)在《爱与意志》中,谈到了类似的议题。"避孕技术所导致的另一个个人责任难题,是来自人们拥有了选择是否要生小孩的自由。……这个罪恶感从一开始决定要生小孩的当下,就已经紧紧尾随着我们。因为现在,生小孩这件事再也不是神的旨意,而是我们自己的决定。"

自由与责任,选择与承担,生与死。

"无论如何,悲伤是一定的,而且你已经以妈妈的方式在悲伤了,这不就是爱吗?你用了最大的勇气替他做了决定,这是负责,而不是自私。你明白现实及生命的残酷,爱的美丽、疲惫与坚韧,你也明白爱不能战胜一切,只能包容。痛苦依旧存在,只是爱让它变得柔软一些。不要怀疑自己的爱,任何决定都是因爱而做的,你想象着孩子的痛苦,承受他的痛苦,你已经在奉献母爱了。身为妈妈,迎接是爱,告别是更艰难的爱。"她的眼泪里充满了爱,我读着那些爱,一点一滴地读给她听。

李欣伦也有同样的迷惘,她写道:"究竟是在检测胎儿还是测试我自己?测试我对异常生命的包容。"

没有答案,只有爱。

第二章 平凡人都有的伤

‵‵‵

电影《24周》中的妈妈,在脱口秀舞台上是个自信、耀眼的坚强女性,她挺着肚子,以坚定的眼神及语言向观众宣告她怀孕了,且将继续留在舞台上。

但在面对医生的宣告时,她彷徨、黯淡又脆弱——唐氏征,然后是先天性心脏病,智慧与血液都会在她孩子的小小躯体里迷路,然后消失……她无法抗议或反驳什么,她的语言不再有魅力能主导一切,没有剧本,也没有幽默的机智,只有不断的疑问、犹豫、愤怒与沉默,然后再提出疑问:是留下宝宝,被命运选择?还是道别,选择命运?没有人可以回答她,腹中的孩子也是。

最终她做了选择,孤身前往人工流产的医院。

在医院准备住院时,桌上摆了一小瓶绽放的白花,瓶里的水几乎干涸,她没多想,专注地为它填注了水。在即将告别一个生命时,仍挂念着另一个生命,那是自然而然的,妈妈以液体喂养生命。而白花,与梨花一样无辜、柔嫩而洁白。

这只是极安静而短暂的片段,却是我心中最难忘的"刺点"。如李欣伦在《以我为器》中引用的:"所谓刺点,巴特说:'刺痛我者'。"

那哀伤与不舍将生命的残酷彻底掀开,我们只能卑微地守护一朵花,却无力去承受一个孩子的痛苦。舍弃一个生命前,不忘照料另一个生命,是补偿,或是天性?仿佛舔舐着自己的罪恶感以祈求原谅,在生命面前坦诚地忏悔。

但,这不就是爱吗?百般折磨着,自私而勇敢,告别所爱,亦爱我们所告别的。这是爱吗?没有答案,我们只能自己回答:是的,是爱。

、、、

几个月后,她和丈夫一同带着小蛋糕与背带里的小宝宝一起来到诊室。她仍憔悴,但眼神是喜悦的。宝宝戴着缀上白花的毛帽,圆滚滚的眼睛好奇地张望,一点逗弄就能换得甜美的笑盛开在那白嫩的脸庞上。

"这是……梨花?"我问。

"是啊,后来检查正常,我都白哭了。"她笑着说。

"就像农场主人说的那样吧!"我突然想起了那句话。

"是啊,只是我永远猜不到上天要做怎样的安排啊!"

"别怀疑自己的爱就好,无论是什么选择。"

她微笑点头。"这是蜂蜜梨子蛋糕,跟你分享我们的喜悦。"

"谢谢,这也是大自然的恩赐。"

这时梨花突然哭了起来,圆滚滚的眼睛里也是圆滚滚的眼泪,脸庞渗出了红晕。是伤心吗?这伤心却让我们感染了生命噢啕的

第二章 平凡人都有的伤

喜悦。

梨花带雨,潮湿的生命充满力量地挣扎着,准备盛开。

我们不能决定,但可以选择——选择爱,选择宽容自己,选择原谅所有那些并非出于恶意的伤害,选择坦承我们在现实里的脆弱,选择承担,选择疼痛地告别;选择为无法选择的孩子,做出抉择;选择成为愿意勇敢抉择的父母。

纵使痛又无助,但还有爱。

这世上有所谓的"百分之百"吗?百分之百的爱,百分之百的付出与陪伴,百分之百的幸福与平安?

不会有差错或遗漏吗?没有偶然与意外,或者残忍的玩笑?或已注定的那些失落与遗憾?

谁能保证我们的期待不会落空,希望不会化为乌有,不求回报的爱不会荒谬地石沉大海,仿佛不曾存在?

要有多大的勇气、多么强韧的心与宽容的爱,才足以承受世界的残酷捉弄,才能面对毫无预兆随时闯入生命的狂风暴雨,将你所盼、所爱毫不留情地夺走。

或许这就是爱吧,卑微又骄傲的爱。

已然爱了,即使受伤、流泪,也不收回、不后悔的爱。

第三章　那离不开的心

分离的焦虑

分离,从来就不只是谁离开谁而已。从任一方望去,对方都在逐渐远离。

依附是两端的连结,因此,分离便是两端的撕裂。

身为父母,并不总是如此坚强,也并不是非得总是假装如此坚强。

空了的巢、分离的焦虑,即使长大、变老,孤单从未消失,或变得比较轻柔。

她的面容焦虑而忧伤,双手不安地紧紧揪着,久久说不出话,脑里像有团纠结的毛线球,寻不着线头。

我看着动弹不得的她,试着轻轻扯动。"是怎样的问题呢?"

第三章　那离不开的心

我问。

她抹着淡淡的妆，头发有勉强整理的痕迹，淡淡的香味很小心地在空气中飘着，像是不得不却又害怕被人发现了什么似的。那是一身轻薄的礼貌，也是伪装，但轻薄得什么也支撑不了。

轻轻一扯，什么便都要垮下来了。

她吐了一口气，仿佛那才是心里头真正的气息，然后，她的手揪得更紧，像快丧失力量般地颤抖，眼泪也失去支撑地落了下来。

"我很担心我女儿的状况，我怕我会失去她……"她很勉强才将话说完，却说不完她的哀伤。

﹀﹀﹀

她是一位寻常的妈妈，温柔而关爱孩子，寻常的家庭也就如此温柔地被照料着，安稳而平静，在生活中飘散着淡淡的香味。

一双儿女长大了，先后离家，到外地念书。她有些孤单，但告诉自己这些分离是必然的，自己得学会承受，别惊动别人。

这样的"安静"就是她的温柔，一直以来，她都是如此，几乎毫无任何尖锐与粗糙，她的爱就如淡淡的香气渗透于生活里，从不惊扰人，但当你需要时，它就会在那儿，清晰地浮现出来——像夜里被盖上的被子、总是熨好收妥的衣服，以及不知何时已被归回原处的物品。

她很少主动打电话给孩子，总是等待。在儿女打来的电话中，也都只是温柔地听着，偶尔含蓄地问问天气，问问孩子要她寄过去的东西收到了没。她克制着自己的好奇心，想象着话筒遥远的那一端，她难以想象的生活。她将孤单与担忧小心地收在身上，不遗留半点在孩子心头。

"别给孩子负担。"她不断地提醒着自己。

所幸，孩子们也惦记着她的香气，儿子跑得远了些，但女儿常打电话回来，总是在周末的深夜抓着她，叽叽喳喳说个不停。

她隐隐觉得，那是女儿最脆弱的时刻吧。即使女儿兴高采烈地说着那些不停旋转绽放的生活，但她就是知道。

身为妈妈的她，却也什么都不知道。

﹀﹀﹀

几个月前，女儿开始在电话那头哭泣，她焦急忐忑，却还是犹豫着不敢多问，只是轻声地安慰着："没事，没事。"

她默默陪伴着女儿流完眼泪，却止不住自己的泪。

过了一阵子，女儿告诉她自己去看了医生。

"医生怎么说？"她忍不住问女儿。

"是轻微的抑郁症，我吃了药，慢慢好些了。"女儿语气淡淡地说。

第三章 那离不开的心

但她一点都没有好些。

抑郁早就从电话那头渗透过来,生了根,扎进她心底。她每天都在想:女儿的眼泪里头到底在说些什么?到底是怎样的哀伤,让女儿的生活停止旋转?那个她从小到大细细守护的小小心灵里到底破了多大的洞?经历了怎样的痛?

她开始失眠、消瘦,疲倦的身体与脑里堆起了满满的恐惧与疑惑。

﹀﹀﹀

"抑郁症是什么?她会自杀吗?"她哭泣着问。

"抑郁症就像你现在感受到的一样,很难过,很哀伤,失眠,吃不下,生活中连一丁点儿快乐都找寻不到。但每个人的抑郁都是不同的,我不知道你女儿的状况,可是听起来,她正在努力地面对她的抑郁。现在在这里,比较重要的是你自己的抑郁。"我试着将她的思绪拉回她自己身上,让她看见自己的哀伤。

﹀﹀﹀

她回诊了,也按时吃了抗抑郁剂与安眠药,但她脑中仍满满是女儿的哀伤。

她不断想象着:那残忍的抑郁到底长什么模样?跟正在她心里

头啃噬的一样吗？女儿是否也同样失去了某个重要的东西，感受着同样的孤单与哀伤？

而那些药，又偷偷在女儿的心里做了什么？

为什么自己什么都不知道，母女不是应该心灵相通吗？她是否做错了什么？是不是她安静了太久，才让那个神秘的通道封闭了……

她一无所知，只觉得自己正在失去女儿。

＼＼＼

一次回诊时，她怯生生地问："医生，我可以吃百忧解吗？"

"嗯？是什么原因呢？"我问。

"我女儿也在吃百忧解，我想知道那是什么感觉。"她从我的目光中逃开，低声地说。

我不禁想起麦可·葛林博（Michael Greenberg）在描述女儿罹患躁郁症过程的《心里住着狮子的女孩》这本书中，写下的他自己——那是一位看着女儿被突如其来且陌生的"狂躁"闯入、霸占，而承受着巨大、沉重哀伤的父亲，他的哀伤一如女儿的狂躁，是头难以驯服的狮子。

他自责、恐惧，因为将女儿送入禁闭的医院而认为是自己抛弃了她，也因无法进入女儿的内心，而感觉被抛弃。

第三章　那离不开的心

在书的开头,他便绝望地写道:"她究竟去了哪里,我猜也猜不到,梦也梦不着,只知道我必须一把抓住她,拉她回来。太迟了。我和她之间的交集瞬间消失……一夕之间,全都化为乌有。"

他不断地陪伴,却也不断地失去。

"我等不及莎莉从无情的火球底下生还,索性尝试透过她的眼睛看世界。"于是他一把抓住女儿正在服用的药吞下。

＼＼＼

"过渡客体",是儿童精神分析大师温尼考特(Winnicott)从儿童与父母分离,形成独立自我的过程中发展出的概念:面对分离的焦虑,孩子会紧抓着一个物件借以安抚自己,像是一个玩偶、一条毛巾、一串手链或一首曲子。

在这个过程中,"过渡客体"替代了父母,却又独立于父母之外,像是一座桥,不在此岸,也不在彼岸。在桥上,父母的存在获得一个象征性的过渡空间,孩子可以一边前进,一边回头看见父母,于是能够从分离的残酷现实中得到一点想象的喘息,而"想象"正是我们得以在现实中存活的巨大力量。

无论是气味、声音或触觉,那像是从父母的影子里细细切下一小块,然后收藏入自己的影子里。细细切下了,于是影子有了自己的轮廓;也细细收藏了,于是可以安心地慢慢踩着自己的影子,往更遥远的旅程前进——影子里，有妈妈的淡淡香味。

温尼考特说，那像是一个"休憩处"。

这是孩子的休憩处。那父母的呢？父母该如何看着孩子远去，而不去追逐？该如何让孩子带走一小块影子，而不让自己碎裂？是否，父母也能留下一小块孩子的影子，以安慰自己纵使磨出了茧也终究脆弱不堪的心？

分离，从来就不只是谁离开谁而已。从任一方望去，对方都在逐渐远离。

╲╲╲

她面对孩子的情感一直是矛盾的：紧紧跟着，却又保持距离。她以为自己可以一直用这种最安静、最温柔的方式，让自己的影子消失，实现她所以为的分离。

然而，其实她根本从未准备好分离，她只是小心地不发出声响，假装若无其事，假装不打扰对方就是接受了分离。

终究，一场抑郁打破了这样表面的安静，让"分离"的现实轰隆隆地落在她眼前，将她内心的焦虑残暴地拉扯出来，于是她慌乱地寻找孩子的影子，寻找窥看孩子内心的洞口，寻找能够安慰自己的"过渡客体"。

第三章　那离不开的心

但她抓住的是一颗胶囊。

那颗胶囊里只有她自己的焦虑：焦虑自己不够靠近，焦虑自己终将与孩子分离，于是她想要与孩子紧紧地连在一起，裹在同一颗胶囊里。

〉〉〉

我没给她百忧解，因为她是她，女儿是女儿，而她的女儿也不在那颗神奇的绿白胶囊里。

我试着告诉她："不是非得吞下同样的胶囊，你才能理解女儿的感受，也不是非得理解所有的感受，才能去陪伴，去关爱。'倾听'恐怕比全然的理解来得更困难，更何况，无论你的女儿感受到了什么，我相信，你都不会离去。"

有些爱，发生在理解之前。有些陪伴，发生在分离之后。

她静静地听着，没有拒绝，也没有同意。

〉〉〉

电话那头，女儿逐渐恢复了笑声，她告诉自己可以不用那么担忧了，但心还是悬着，像变得很淡、很淡而失去了重量的影子那样悬着。

某个周末,女儿回到家,拉着她坐在床边说话,两人的影子轻轻地叠在一起。她静静听着,握着女儿的手,见那笑容有了温度,心中终于踏实了些。

忽然,女儿停了下来,看着她一会儿才哽咽地说:"妈,谢谢你陪我说话,每次你这样静静听着,我都会想起小时候你哄我睡觉的样子,我会觉得很安心很安心,好像什么都不用害怕了。"

她不自觉地握紧了女儿的手,也流下泪来。

"其实前阵子,我很担心……"她终于开口说。

"我知道……谢谢你,妈。"

"啊,你知道啊?"她喃喃地说,既惊讶却又安心,像是一个秘密被小心地接住了,自己的影子也轻轻地稳稳着了地。

"是啊,我当然知道啊!"女儿轻声回应,像妈妈那样温柔。

﹀﹀﹀

分离的困境在于我们无法抵抗分离的现实,却也无法阻止分离的焦虑。这样的拉扯恐怕是一辈子的难题,但至少,不逃避、隐藏这些焦虑,才能试着去安顿它们。

直到有一天,我们发现:我们与孩子靠得很近,却终究距离遥远;我们离得虽远,却也靠得很近。

一如我们爱得很淡,却也爱得很深。

第三章 那离不开的心

很多时候，患者会拿着五颜六色的药物来让医生"猜谜"，面对着处方上没有的名字，只有赤裸裸的锭剂或胶囊，很遗憾，经验浅薄的我也是同样茫然。就像新手父亲突然闯入新生儿房里，面对着被撕去姓名贴条，从同样颜色包巾中露出的数十张皱巴巴、哭泣着的小脸，天旋地转地，总认不出谁是谁。

但偶尔碰到一些熟悉的药物，我却能很有把握地指认出来，或许是因为上头刻印的特殊符号、特殊的颜色，也或许只是因为熟悉。

就像那熟悉的绿白胶囊——熟悉的百忧解。

尽管如此，那样的熟悉似乎也只是表面的，我未曾拆解胶囊，细看里头的颗粒粉末。

那么，百忧解对于我的意义，到底是寄宿于那鲜亮的绿白色外衣，还是藏在幽暗的里头呢？

胶囊隔离了药物的气味，阻挡着药物的刺激性，藉着隐藏真实的本质，让剧烈的那部分本质可以被人更和平地接近与接受。

那是一种保护，保护着真实里的脆弱。

我不禁想象，我们每个人的身体里似乎也有一颗类似胶囊的东西，包裹着我们的心。我们种种哀伤、幽暗、既灼热又寒冷的，难以靠近却又渴望被吞服的，都包藏在那个胶囊里头。

那么，看着那些胶囊，还能够认出里头的心吗？还能认出谁是谁吗？

对父母而言，孩子的心也像是颗坚硬的胶囊吧。

无声崩溃：年轻父母的困境

自卑而失落的父亲

除了愤怒，所有的情绪都压抑了。

家庭里，消失与缺席的父亲：总是愤怒，总是沉默，总是逃避。总是吝于开口，总是拐弯抹角，总是以指责表达担忧、以物质传递关心。总是不动，总是被动，如一张坚固但僵硬的椅子——

承接重量，却永远不够柔软；待在那儿，却不能张手拥抱。

爱，但不会爱的父亲。爱，但不敢爱的父亲。

几个小时的颠簸路程熟悉却遥远，好久没坐这么长途的汽车了，汽车像是尘封般，几乎跟自己一样苍老，椅垫上的硬毛绒剥落，且色调过时，车子发出粗糙、沙哑的疲惫哀鸣，但一点儿都不

第三章　那离不开的心

服输也没松懈，仍奋力地爬坡前进。

时光与风景匆匆流逝，一阵小雨落下，雨滴在玻璃窗上如汗水斜行，车子翻过一座小丘后，阳光又灌入。他眯眼盯着窗外，眼内的飞蚊与阳光里的尘埃一同静静地漂浮。

"你怎么不拉上窗帘？"身旁的妻子不耐烦地问。

"拉上怎么看风景？"他的口气也不甘示弱。

"太阳很晒啊，会刺激你的白内障呀！"

"我没有直接看太阳啊！"他又把头转向窗外，风景退得好快，几乎来不及看清什么。

"你喜欢就好。"妻子拿外套蒙住眼睛，不再说话。

汽车继续狼狈地摇晃着前进，驶入如山一样高耸的建筑之间后，水泥阻挡了风景，忽然车身一沉，钻入一片黑暗中。

此后，阳光都不一样了，跟他家乡的全然不同，都是被巨大的阴影包围、啃噬过后的。他不怕阳光，也不怕水泥，只是对一辈子翻不了身的命运感到厌烦。

＼＼＼

下了汽车，地铁线路宛如迷宫，妻子说要打电话给女儿，但他坚持自己找路，像失去嗅觉的蚂蚁一样领着妻子乱窜，直到妻子生气不走了,他才停下来。他在心中恼怒不已,这辈子抹水泥,没理由被水泥困住。

妻子拿着手机边走边讲,在约定的面包店找到了女儿,一见着女儿就开始抱怨迷路的事。"你爸以为这里还是他的地盘,害我像无头苍蝇一样乱转。"

他没回嘴,只不耐烦地跟女儿说:"这是你的地盘,你带路!"

女儿早帮他们买好了地铁票,牵起妈妈的手,带他们过闸门后往更深的地底钻去。人跟蚂蚁一样多,皮肤却如白蚁一样白,他们跟着女儿上车又下车,钻出了地底,又上了公交车,往山边靠近。女儿沿路介绍,什么财大、师大,他却只看到一路快要挤到面前的房子。站在阳台上看车辆从眼前经过,他心想:这种房子他才不要住。

﹨﹨﹨

走进巷子,这是个安静的老旧社区,一栋栋斑驳的公寓紧密地挨着。

"我住五楼的楼顶,没电梯,等一下慢慢爬就好。"女儿说完,打开了贴满小广告的公共铁门。

他抬头看了一眼天空,破破碎碎的,一人只够分一点点吧。

爬上了顶楼,阳光这时却一口气落下太多。加盖的铁皮屋像个

第三章 那离不开的心

蒸笼，女儿一进门便赶紧将平时舍不得吹的冷气打开，轰隆轰隆的，心脏衰竭的老冷气像刚爬到顶楼的他们一样气喘吁吁。

妻子脱下喜宴专用的亮片高跟鞋，他也脱下结婚时穿的旧皮鞋，感觉快磨出水泡了。

屋内的空气开始流动，却仍旧闷热，汗水穿透了内衣，将他少有的衬衫也浸湿大片。

屋子只占顶楼的一半，铺了老旧的木地板，缝隙里卡满霉味与尘埃。一张床、一只瘦弱的衣橱，再加上摆放电脑的矮桌，就几乎将房间占满。他和妻子两人站着，像不知该摆在哪里的家具无处容身。

"这里没有椅子，你们看是坐床上还是先坐地上。"女儿将包包抛在床上，喘着气说。

"没椅子你也租？"热与疲惫让他烦躁不安。

"没关系的！反正也放不下。"女儿将床上的衣服收入衣柜，腾出一个位置要给妈妈坐。

他拐入浴室，打开门一看，狭小又阴暗，刚好是阳光穿不透的角落。而眼前，悬着几件内衣裤。

他尴尬地低下头，想说什么，又抿住嘴没说。

这是女儿上大学后，他第一次到这个城市来看她。从他们乡下考到大城市里的孩子很少，他心里骄傲，但又怕太嚣张，总是刻意回避不讲，逢人问起都说："运气运气，那个我也不懂，好像是师范大学,孩子自己打拼出来的!"

说真的,到现在他还是没搞懂,说什么一条路上有两个不一样的师范学校,而且毕了业还不能当老师。

就这样,女儿毕业了,留在学校当助理,搬出宿舍到外面租了房子。既然女儿不回来,他只好到这里看看,不亲眼看一看,女儿好像不见了。

"所以这样你也租?你房东就是看你刚毕业好骗。"他绕了出来,正中午的,冷气还是不够强。

"你不要把人家想得那么坏好不好,是我自己要租的,房东又没有逼我。"女儿白了他一眼。

"欺负我们这种穷人。这叫套房?我们家后院都比这一间大!垃圾!"他越说越激动,汗还是一直从额头涌出。

女儿瞪着他,不说话。

"别说了,坐这么远的车是特意来吵架的吗?这么久才见一次面就不能讲别的?我看这里静静的,也很舒适啊。"妻子出声让温度冷却。

"你们都一伙的!"他叹了一口气说。

"随便你怎么说!"妻子说完就不再理他,转头牵起女儿的手,将一袋橘子交给她,"这现采的,你阿姨早上特意拿到车站给我的。"

第三章　那离不开的心

他两手空空地孤立在那儿，像被隔在一道透明的墙后头。习惯了，但其实还是不自在，这几十年来，他的手里都只有水泥，无论是妻子或女儿的手，他都没再牵过。

他不开心，他也不想这么不开心。

＼＼＼

其实一开始不是这样的，当初他很开心。

他虽然穷但很会打拼，谈了恋爱，娶了养鹅人家的女儿。为了生活，他四处砌墙和做土水，虽然不爱念书，但心细、加工细，风评不错，也算有了一技之长。年轻时在外地闯荡，任何可以抹上水泥的地方，他都攀得上，然后盖出一幢幢跟他一样坚勇的房子。

然而，四处替人盖房子，自己却流浪着，有时为了省钱就睡在赤裸的水泥工地里。他常不屑地说："我什么豪宅没住过？就算装潢再漂亮，里头还不是一堆灰扑扑的水泥。"

在流浪之间回家与妻子小聚，感情仍如热恋，但岳父看他的脸却是越来越黑。

＼＼＼

女儿出生后，岳父跟他说家里不能没有男人，于是他开始将流浪的路程缩短，尽量天天回家，就像岳父说的："当老爸了，工作要顾，家庭也要顾！"

有了女儿后，他的心好像被剪了翅膀，不再想飞。他没读书，没想那么多，只觉得这很自然，家庭、责任、男人的担当就是要落地，把土踏实，把家支撑起来，打个稳稳当当的地基最重要。

收工回家后，女儿总不畏他全身的汗臭与污渍，黏着他就要往他身上爬。他结实的身体像粗壮的树、坚固的大楼，任女儿攀爬探索：飞高高、海盗船、升降电梯……他用身体盖起了一座专属于女儿的游乐园。女儿坐在爸爸以手臂圈成的座椅上，安心地又笑又叫，旋转、坠落、飞翔……

他愿将自己的翅膀与天空都交给这孩子。

有一天，他又是一身湿黏地回家，已上幼儿园的女儿冲了过来问："爸爸，你是用水泥盖房子的对不对？"

他搞不懂女儿为什么要问这个。"对啊！我最会用水泥盖房子了！"

"那你就是最厉害的小猪，我跟我同学说，他们都不相信。"

"什么小猪？"

"我们今天听三只小猪的故事啊！你就是那只最聪明、最认真的小猪，所以你盖的房子都不怕大野狼！"

"哈哈哈，对啊！一百只大野狼也进不来！"

第三章　那离不开的心

"真的吗？"女儿一脸认真地抬头问。

"真的啊！"他伸出粗糙的厚实双手，"你看，爸爸的手比野狼的还大哦！"

妻子笑着将女儿拉走。"饭没吃就乱跑，先让你爸爸去洗澡啦！"

望着妻子牵女儿坐上饭桌，他感到满足，却又亏欠。这样的世界对他就已足够，只要没有大野狼就足够幸福了——但他知道，残酷的从来就不是大野狼。

盖房子很简单，要盖自己的房子却一点都不简单。微薄的薪水还不足以让他拥有自己的房子。世界里，真正吃人的是"人"。

岳父看不起他，朋友看不起他，渐渐地，他自己也看不起自己。

＼＼＼

很快，女儿长大了，阖上了童话故事，心也开始变得细腻复杂，但他仍只会"飞高高"，除了身体的活，他不会其他取悦或安抚孩子的方式，没有任何温柔、细腻的把戏带他靠近女儿敏感的心。

女儿不再拜访他的游乐园，开始有了心事，藏了秘密。对他来说，女生的眼泪是复杂而滚烫的，而沉默亦是难解的谜语。

"她是怎么了？"他问妻子。

"没事啦,女孩子啊,你也不懂啦!"妻子随口打发了他。

见女儿挽着妻子的手说话时,他总有些嫉妒,仿佛那些心事与秘密是她们母女共享的。但他明白,什么倾听、陪伴和等待,这些不会流汗的活,他一点力也使不出来。

总之,她们母女是一伙的。渐渐地,他跟妻女之间筑起了墙,他手上只有水泥,不自觉地往墙上抹,把自己也封了起来。

他又开始离家,到更远的地方赚更多的钱……终于,他盖了自己的家,却总是在这个家里缺席。

丶丶丶

北上探望女儿后,过了几个月,他跟工头请了半天假,他跟工头说想去走走。

下午收工时,太阳仍然毒辣,他拜托人顺道载一程,花了点时间才找到女儿的楼下。这时太阳已被高楼淹没,影子给拉得细细长长的,像这条巷子一样。

他一手用手机打给女儿,一手拿着一张小板凳,看着影子等待。

等了半小时,女儿气呼呼地跑来。"你怎么没打招呼就过来了!"

"你男朋友过来就是惊喜,我过来就不行吗?"

第三章　那离不开的心

"我没男朋友！"女儿一字字像要钉进他脑袋般重重地说。

"没人追？要是有就说啊，问问你妈妈。"

父女两人边爬楼梯，边抬杠。

"真的没有！"女儿不知是在叹气，还是喘气。

"可能看要爬五楼，才不追的吧！现在的小伙子身体素质都不行。"

爬上了楼顶，风大把地吹，吹来风铃声，还有某户人家做饭的香味。

"你别瞎讲了！你吃饭了没？"

"在工地就吃了。来，这把椅子给你，我特意请老师傅做的。乞丐才坐地上。"他伸手递出椅子。

"你怎么这样说？我们现在去听演讲也都坐地上啊！"女儿没接下。

"我没读书，我也不听演讲！"他仍举着椅子，低头看着习惯穿的白布鞋。"你住这，湿气这么重，旁边山里还有一块墓地，你知道吗？"

"那你怎么知道？"女儿开了门，进入屋里便打开冷气。

"凭我砌了几十年的水泥，砌个墓碑也就顺手的事！"他放下椅子，口气开始凶恶了起来。

"你讲话一定要这么难听吗？"女儿站在门口，叉着腰对他说。

"是多难听？有钱人讲话就好听吗？读书人讲话就文雅是不

是？我跟你讲，他们吃人的时候，比狼还要野蛮！"他站在风里，下工后满身臭污，他没打算进屋。

"你自己自卑，就感觉大家都看不起你！人家根本就没有欺负你！"

"你被欺负你都不知道吗？就是我无能才会让你被人家欺负！"他瞄了一眼屋内，一样空无一物，床上依然堆满凌乱的衣物。

"又来了，你这种想法才让人家看不起！"

"我习惯了！"

"你喜欢就好！"女儿尖酸地说。长大了，跟妈妈一样了。

他咬住牙，将椅子放在地上，转身就走。

"爸！"女儿喊住他。

"其实，你不用这么辛苦，你可以……"他停在楼梯口哽咽，但忍住没把话说完就匆匆跑下楼。他知道，再讲下去会哭出来。

你可以……回来，爸爸还可以养你，再没用也有自己的房子，也比这里舒服多了。

路灯已亮，微弱得抵挡不了这个城市的黑暗，他拼命回想着走来的路，得赶上回去的夜班车。

他稍稍回了头，隐隐瞥见女儿那栋楼的墙上，有个娇弱的身影喊着。他赶紧缩回头，怕眼泪又流出来，仅举起空了的手挥了挥示意，然后低头踩着自己的影子，直直走去。

几十年了，他还是只会这样道别，像是不要再见，其实是想再见。

经过刚刚买木椅的路口，那张椅子花了他一天的工资。这个吃人的地方，别把女儿吃得一干二净就好。

❯❯❯

一开始来时，他只说工作累，睡不着，偶尔谈到了女儿，才会露出一种压抑的骄傲神情。"不回来，还留在大城市里！"

许久之后，断断续续地，他才哀伤地谈起种种挫折，尤其是身为父亲的挫折与愧疚。

"说实在话，我这辈子做老爸应该很失败，我自己知道，我说话真难听，我伤她很深，只是她不愿在我面前哭。我在，她就不会回来的。"他低头看着脚上接近灰色的白布鞋说。

❯❯❯

我想起了各个父亲：担忧的、愤怒的、沮丧的、彷徨的、像个孩子般无助的、封闭在沉重的盔甲里却无法动弹的……那些消失与缺席的父亲。

父亲的缺席有时是具体的，但更多时候是情感上的，当孩子受伤而脆弱的时候，许多父亲看着、痛着，却怎么样也无法去靠近，无法将自己的情感表露出来，填补上去。于是孩子心里的洞继续空着，仿佛只有柔软的母亲能在孩子跌落时出现，承接所有伤痛，而父亲则如一张永远不动的椅子。

其实，看似缺席的父亲其实是以一种压抑的方式存在着，也或许是以一种被想象、渴望着的方式存在着，如一张空椅。

父亲总不在椅子上，他屈身弯腰成为那张沉默的椅子本身，等待着承接任何生命的重量。他仿佛消失了，却是在最坚硬、最靠近泥土的地方撑起地面，保护上面的人。

孩子，请安心地坐好，直挺挺地、骄傲地，这比我还高的位置就交给你了。与其拥抱你，我愿意流下更多的汗水，为你打造一张椅子。

那些严厉、冷酷、疏远，却疼惜着孩子的寂寞父亲们如此相信着。

＼＼＼

电影《父亲的椅子》中，面对婚姻破碎的父亲，一路追寻着不

第三章　那离不开的心

告而别独自骑马远行的儿子，最后发现儿子竟是要去寻找爷爷。而一路经过成长与追忆似的长长旅程，身为父亲的他反而先到了爷爷的家——那是他自己最熟悉也最陌生，怨恨且决裂已久的父亲。

他或许明白，自己那缺席的父亲一直都在，即便自己心中有个缺口，也是父亲消失后的轮廓，而正因如此，才令他难以面对。如今，在他同样成为失败的父亲之后，仿佛靠近了自己的父亲一些，就像踩着父亲的脚印一样，坐上了父亲的椅子。

小说《我想离开你》谈的是婚姻触礁的父亲在欧洲家庭旅行的故事。关心而伤心的，孤立且孤独的，破碎而刺人的，愤怒且压抑的……所有父亲的面貌全在这本书里一同流浪，他想要寻回妻子，寻回他俩之间的回忆与爱，那些曾共同经历的惊喜、哀伤和迷惘，更想要寻回他挚爱却疏远的儿子，希望找到一种可以与妻儿彼此"听懂"的语言，将爱完整地传达过去。

但他不时迷路、出糗，与妻儿彼此伤害。他掉入背叛的陷阱或幼稚、自我的白日梦中，找不到认同的目光与温暖的语言。这趟旅程仿佛让他失去更多。他开始害怕自己不被需要，而他再也无法回"家"，或者那将不再是原本的"家"。

这个自认失败的父亲在荷兰的大麻烟馆外被妻儿放逐后，悲伤又愤怒地说："他们为什么看不出我却步的真正用意？不是心胸狭隘，不是故步自封或太小心翼翼，而是关心，大量的关心，像海洋一样浩瀚的关心。我不赞成,是因为我关心。这一点难道那么不明显吗?"

‹‹‹

为何这些父亲总是如此失败,如此笨拙呢?

许多父亲都是牵挂、疼惜着孩子的,但或许是自己父亲的影子,或许是自小抹上的层层压抑,也或许是水泥般僵硬的角色框架,使得那些疼惜总是如此冰冷、笨拙,硬邦邦而严肃,急躁又霸道,明明那么易碎,却又倔强得要命。

他们表现得不是拐弯抹角,就是炙热烫人,有时远远看着,有时却一口气揪着你的脖子,要你将他所有的话都吞下。没有温柔的靠近,也没有平静而甜蜜的陪伴。

父亲的存在宛如灰色的水泥房,为我们遮风蔽雨,却少了表情与声音,除了安全之外,我们难以向他们奢求安慰。

就如《我想离开你》里的父亲,他对自己父亲的精准形容:"除了愤怒,所有的情绪都压抑了。"

‹‹‹

"你不是失败,只是没办法肯定自己。你要相信女儿,也要相

第三章 那离不开的心

信自己。你关心她，只是方法伤害了她，建议变成批评，担忧变成愤怒，而真正舍不得她、因她而感到骄傲的部分，却藏在心里都没说出来。或许女儿也觉得自己很失败，一直找不到能够靠近你，却又不会让你生气或失望的方式。"

"感情存在的方式有很多种，有些很远，有些很深。你不会说，不习惯说，而女儿大概也不习惯如何对你表达吧。"

沉默了一会儿，我才继续说：

"只要她能飞，你当然希望她飞得越高越好，要相信她的翅膀会变强壮的。只不过做老爸的，自然有说不出口的思念。"

他说不出口，但红了眼眶。

许多时候，儿女将自己的心思层层包入茧中，也将对父母纠结的情感一同裹了进去，有些的确是怨恨或伤心，但有许多是他们自己也不明白的爱。

只是父母难以窥探，也难以明白，于是大多的猜想都出于自己的挫折，期望自己不是失败的，却又认定自己失败，因而永远看不透孩子在茧里的成熟与转化，不敢相信也不敢奢望会有蝴蝶破茧而出。

＼＼＼

"我很抱歉对你说了那些话。那不是我真正的想法。不管我说过什么，我都以你为荣，虽然我可能没有表现出来，而且，我知道你以后会表现得很好。你是我儿子，我绝对不愿意你开始独立去闯荡时，不知道我们会想你、会希望你平安幸福，还有我们爱你。"

这是《我想离开你》里的父亲终于找到逃离的儿子后，瘫坐在长椅上所说的。大多数的父亲都说不出这些，但心里都放了同样的话，陈旧、乏味，却真实。

＼＼＼

消失了好几年，他又踏着溅满水泥的白布鞋走入诊室。

他老了，但神情轻松许多，一头白发下，皮肤还是跟以前一样黝黑。他说自己退休了，只有邻居和朋友需要帮忙才会去刷水泥。这次，他真的是因为偶尔的失眠而来。

"你女儿呢？"我问。

"还在那个城市啊，只是嫁人了。"他微笑着说。

"结婚了啊！时间过真快。"我有些惊喜地说。

"医生，你还记得那张椅子吗？"他突然挑起眉问。

"椅子？你丢在顶楼的椅子？"我开玩笑地说。

"哈哈！对！我跟你讲，那张椅子啊，现在是我孙子在坐，那是他的穿鞋椅，别人都不准坐。"他有些得意地说。

"孙子，会走路了？"我问。

第三章　那离不开的心

"会啊，两岁了！"

"时间真快啊！"

"是啊，真的有够快！我都追不上孙子了。"

这时，他是真正欢喜的，而我也感染了他内心满溢的喜悦。

河合隼雄在《故事里的不可思议》中谈论父母的守护与孩子的自由时，提到了他哥哥河合雅雄所写的《少年动物志》中的一段故事。

故事的主角因为乱发脾气、哭闹被父亲处罚，关在马屋旁的仓库里。黑夜里，他因害怕传说中会吃婴儿的飞鼠而发抖，突然，他听见了门外传来奇怪的唏唏声。他很快便明白那是父亲在门外小便的声音，忍不住嘴角上扬，在心中窃笑。"一股微微的暖流在心窝里漫开。这么寒冷的夜晚，父亲居然没有回去房子里，还在外头守护我。"

寒冷的黑夜里，他虽没看见，但听见了，也感受到了父亲的存在。

无声崩溃：年轻父母的困境

终究得面对提早告别的哀伤

我们害怕的究竟是衰老，是死亡，还是分离？

孩子飞快地长大，而我们也转眼老去，一切，发生得比想象还快，甚至超乎想象。

然而，对于头也不回的生命与时间，或快或慢，我们总是充满矛盾：

快一些多好？慢一些，又该多好呢？

她是一个再单纯不过的家庭主妇，在二十岁的尾巴与稳定交往的男友结婚，怀孕后便辞去了工作，开始以家庭为中心，以家庭为优先，以家庭为全部而单纯地生活着。她学做菜和记账，打理一整

第三章　那离不开的心

个家，学习新的角色：成为妻子，并紧接着成为妈妈。

三年间，大女儿与小儿子接连出生，怀孕辛苦但顺利，自然生产的阵痛也幸运地比朋友短些。

"或许，我真的就是准备来当妈妈的吧。"

她既珍惜又认命，每次看着身上又长又深的妊娠纹，都想象着这就是自己接下来要走的漫漫长路。

、、、

她一直都喜爱孩子，但是直到怀孕后，她才更加确定这一点。过去只是觉得小孩可爱、无邪，无法抵抗他们的笑容，也无法对他们的哭号感到厌恶，但拥有自己的孩子之后，才发现那感受是全然不同的。或许那就是"喜欢"与"爱"的差别——那是她的孩子，自己的孩子。

她同样无法抵抗他们的笑容，这些笑容变得像是某种奇迹，有着与自己连接的魔力，让她感到既满足又感谢，感谢世上能有孩子对妈妈灿烂地笑，如此美妙。

孩子的哭泣则变得更复杂、浓稠，宛如幼稚又成熟的情话，让她一下子懂了，一下子又不懂。她心烦意乱，愤怒、忍耐、怜惜、自责，有时拥抱，有时怒吼，有时冷淡以对，心里头各种反复的念头与情绪就像雨后的路上积水，往往要过很长时间，她才能踏过去而不溅起水花。

这些笑容及哭泣总是牵动着她,让她随着哭随着笑,那是身为妈妈的责任,也是感谢,无法切割亦无法抽离,称之为"爱"。

因为这些爱,她更加甘于单纯、平凡的生活,更加坚信将自己留在家里,守在孩子与丈夫的身后,默默成为夜里最后熄灯、最后阖眼的人,是注定且值得的事情。

她也真心感到满足与喜悦,看着孩子成长、安睡,仿佛那些爱具体地流动,环抱且灌溉着这个家。时光化为养分,岁月留下足迹,随着回忆与孩子的身影拉长,自己的存在不再那么空洞难寻了。

＼＼＼

转眼,孩子大了。

像树苗突然遮蔽了视线,小床再也容不下悬空的脚丫子,孩子就这样硬生生地从小小的身子里长大了。

那半年,姐姐初经来潮,弟弟开始变声,大家手忙脚乱地应付一波波荷尔蒙袭来的骚动,焦虑、别扭、抗拒却又彼此依赖。她教女儿如何处理月事,好似共同孵育着一个秘密,但亲密的距离里却有种遥远的陌生感。

而弟弟更沉默了,他花更多时间洗澡、独处,偷偷照镜子凝视

第三章　那离不开的心

陌生的自己，但花更少的时间说话。她觉得不再能轻易地靠近他，自在地跟他牵手、拥抱。儿子与周围保持着一段距离，因为他需要更多空间与时间适应变化中的身体——他准备独自认识"他"，也想要独自拥有"他"。

每次见他手插在裤袋里，远远地单独走着，她总想："这孩子真的长大了啊！"

正当她想象着孩子的叛逆与离开时，却想不到，先离开的可能会是自己。

是课业繁重，也或许是逃离，孩子们回到家便藏身在房间里，并开始熬夜晚睡。日渐疲倦的她，无法再陪伴与等待。

"晚安咯！早点睡啊！"她轻敲孩子们的房门说。女儿轻声说了声好，而儿子若有似无地闷哼一声。

"最近好累，我先睡了。"她躺上床，跟身旁读着文件的丈夫说。丈夫熄了灯，点上床旁的小灯。

平凡、单纯的一天又结束了，她细细长长地吸了一口气，变为家里最先阖眼的人。

＼＼＼

一开始只是下腹的闷痛，比经痛还微不足道——忍一忍就过去了啊！比人生的委屈还微不足道。

但隐隐约约，身体里仿佛有她无法掌控的什么在滋长，她感觉得到，就像孩子的成长与离去一样——裤底染上血痕那天，她与面对初经的女儿一样不知所措，像一阵狂风刮起，让她规律的生活乱成一团。

同样一摊血，有时是青春召唤的，有时却是死亡召唤的。

＼＼＼

诊所的医生内诊后，皱着眉将她转至大医院检查，医院马上就安排她住院。

她很担忧，却不知如何担忧起，一切是如此陌生又突如其来。第一次离家这么久，却是住院，然而她挂念的依然是家里，毕竟那是她最熟悉的地方，比对自己的身体更熟悉。早餐、灰尘、脏衣服……谁来唤他们起床呢？如果自己不在家，甚至……从此就不再回家了呢？

丈夫请了假，孩子放学后也会先到医院看她，一起在病房里吃他们买的晚餐。家好像搬到了医院，但她什么忙都帮不上，只能在床上等待一项又一项的检查。

那个傍晚，丈夫陪她听医生解说。

"不是个好消息……"医生说，但她不确定"不好"跟"很不

第三章 那离不开的心

好"的差别在哪里。"……太久了，癌细胞转移了。"一瞬间，她的人生也跟着转移了，就像家转移到病房一样。

丈夫紧握住她的手，虽然用力，却感觉比她还脆弱。丈夫继续跟医生对话，她恍神地望着他们，心头浮现的还是过去那个平凡、单纯的生活。

医生看着她问："有什么要问我的吗？"

她停了一会儿，只问："那我可以回家了吗？"

＼＼＼

回家后没几周，她便回医院开始化疗了。第二次离家，不但没有更习惯，反而更让她有种"无法返家"的强烈预感。看不懂的化学液体开始注射到血管中，生命不再平凡、单纯。

治疗开始，岔路的旅程开始，她离家越来越远。

夜里的医院像夜间动物园一样，黑暗中仿佛有许多沉睡的野兽，平静只是暂时的。她看着墙上的钟，跟着指针，毫无睡意地转动。

"我体内这些神奇的化学药剂，可以将时间暂停吗？"她想着，再也无法成眠。

无声崩溃：年轻父母的困境

```
` ` `
```

医生联系了精神科，我第一次拜访她的时候，她坐在邻窗的床上，望着窗外。午后的阳光照得世界透亮，空气清澈，但病房里的冰冷仿佛永远无法被阳光穿透。

"终于可以不用烦恼家里的事情了，可我反而睡不着了。"她笑着说。

她的声音温柔却哀伤，微笑底下是克制的情绪，眼里混杂了绝望与盼望。

"看不见，或许更担心吧？"我看着阳光里有些苍白、虚弱的她。

"这几天失眠的时候，我都会看着窗外，想说今天太阳到底会不会出来呢？太阳最后当然还是出来了，只是我好像失去信心了，所有的事情都变得不确定了，一定要亲眼看见才能松一口气，但马上，我又会担心起下一件事情。"

"像是？"我问。

"我能不能等到孩子下课过来……呵呵，好像有点太担心了。"她依然笑着说。

"一下子要面对这么多不确定性，如果是我，或许也会这样担心吧。"毕竟，我们面对的是死亡啊！

死亡将阳光隔在玻璃窗外，世界不再是日出后便重生，美丽如

第三章　那离不开的心

昔。时间有了刻度，有了存量，日光开始褪色，每一个清晨都是一天再度死去。时时刻刻，她都想象着自己随时会离去。

我帮她调整了安眠药物后，离开病房时，阳光开始转为苍白，碰巧女儿与儿子穿着校服来了。她以同样苍白的笑容向我道别，迎接孩子，漫长而煎熬的担忧暂时可以搁下了。

暂时，这平静只是暂时的。

、、、

隔日，我再度去追踪她的状况，阳光依旧，只是日子又抹去了一天。

"还醒着等天亮吗？"我问。

"好多了，安眠药真是神奇的东西，好像强迫关机，只是醒来看见天亮，觉得时间好像被偷走了。"她以同样温柔的声音说。

"那'担心'的感觉呢？"

"呵呵，还是一样啊，只是有睡着，也比较有力气应付了。"

睡着，时间被偷了；醒来，时间却被担忧霸占……如此的日子，怎能不疲惫？但我总感觉在她苍白的灵魂里，有种坚强的盼望在抵抗着一切，凝视着远方。

她伸出手，翘起戴着婚戒的无名指，那是一只式样简单却优雅的白金戒指，微小的碎钻偶尔在阳光里眨了眨眼。

"这是我妈留给我的，平时在家很少戴，住院反而想戴着。本来是打算留给女儿结婚用的。"她轻抚着戒指说："这么多年了，这戒指好像从来没有变过，真神奇。"

在时间面前，生命是脆弱的，而白金却像永恒一般，可以将时间套住，停止下来。

或许，或许也可以稍稍抵挡死亡吧？

我默默听着，没说话。

"不过，还要等很久很久，以前觉得孩子长大是一个很快的过程，现在却觉得太慢了。我希望一睁开眼就看见他们已经长大了。说起来有点自私，我现在满脑子都是他们长大的模样，我女儿穿着白色的婚纱，再配上这枚戒指，一定是美丽的新娘。然而，这都是我一厢情愿的幻想，如果老天爷再多给我一点时间就好了，我不贪心，只是很希望、很希望可以看见他们长大，长大就好了，我就可以闭上眼睛了。"她的声音柔柔地颤抖着。

她凝视的远方或许还是太遥远了。

妈妈的眼睛，永远不是望向自己。

我又看了一眼她指上的戒指，沉静优雅，像她一样散发着淡淡的光泽。

在时光的激流里，她将被带走，而戒指会留下，但或许她的一

第三章 那离不开的心

部分,她褪下的光泽,也将跟着戒指恒久地留下。

白金难熔,难以腐蚀、氧化,不会改变重量,也不会失去光泽。它在岁月里沉静而优雅地存在着,仿佛拥有永恒的生命与永恒的平静。

它将到达那遥远的彼方,在她看不见的黑暗里,闪着淡淡的光芒。

"真难想象这戒指已经几十年了。"我说。

"是啊!几十年,又快又慢的。"她笑着说。

"你知道吗?打到你身体里的化疗药里也有白金。"

"真的吗?跟戒指一样的白金?"她惊讶地问。

"是啊!它会把癌细胞的时间停止下来,不准它们继续长大。或许,白金真的可以对时间施一些魔法吧?"

"这么珍贵美丽的东西不拿来做戒指,却打到我的身体里,真是太浪费了,呵呵。"她的笑容里仿佛透出了白金淡雅却永恒的光泽。

将"永恒"注入身体里,就能获得永恒吗?其实她奢求的从来不是永恒,而是安心。告别是必然的,只是总希望能等到开花结果的那一刻,再安心的告别。

＞＞＞

许久之后,我在医院的角落遇到穿着校服的女儿,有着与妈妈神似的温柔与苍白,我也不禁想象起她长大的样子。

再之后,我们在时光的激流里就再也未曾相遇了。那病房的阳光依旧,床上的痛苦来来去去,她或许到了遥远的地方,而我的记忆却留在那短暂的光芒里。

戒指里头永恒的不仅是白金吧,还有永恒的、平凡而单纯的挂念。

你很难不去想象孩子长大的样子,而那样的想象总是复杂的,有期待,有焦虑,有时像是种解脱,但其中依然满是不舍。

满是再也无法回首的不舍。

那像是一趟单向的飞行,朝向生命未知的宇宙探险,而在某个时刻,你从驾驶员变成旅客,再也无法操纵这趟旅程,只能陪着孩子观看那些惊奇的风景与难以理解的世界,伴着孩子体验你曾试着想象却没有结果的种种爬升与坠落。

你老去,而孩子脱去了幼小的壳,长出了大人的芯,从更遥远的星球顺着新的地图继续航向全新旅程,体会着新的自由——或不自由。

他开始有自己的忧虑、快乐、责任,以及失望与满足。他张开

第三章　那离不开的心

翅膀，眼睛与心仿佛都变得更深邃，既坚定而迷惘，既成熟又孤单。你知道他长大了，像手磨出了茧，像洞穴里的钟乳石缓缓沉积，你知道他成了跟你一样，却又有所不同的大人。

但在一瞬间之前，他还只是个孩子啊！只是个牙牙学语，跌了跤哭泣，天真而难缠的孩子啊！

你知道，但一瞬间，还是难以想象他会长成什么模样。

孩子终究会到达我们想象不到的地方，在我们停止陪伴之后，继续他的旅程。尽管明白生命的重叠是如此短暂，但我们还是渴望亲眼看见他的"长大"。

只是我们永远不知道这陪伴什么时候会提早结束，而许多想象，永远只能停留在想象，美丽且哀伤的想象。

弃养的被剥夺感

时代改变了，一个人要担负的更多，却也仿佛失去了更多。

独立是否必然意味着孤单？尊重，是否挟带了冷漠？

被抛弃的焦虑或许是来自于孤单，而不是穷苦。

辛苦一辈子所留下的是无形的东西，尽管无形，却能牢牢地留在心里……

在自己心里，也在孩子的心里。

下班了，脱下潮湿又油腻的手套、帽子和围裙，踩着橡胶雨鞋，汗积在脚缝里痒得要死，她忍不住以脚趾相互磨蹭，止了点痒，但还没止住饥饿。

第三章　那离不开的心

算时薪，没劳保，但是供午餐、晚餐，没卖完的抓紧吃，这把年纪了，没什么能跟人家计较的，人家雇你，你傻傻做、傻傻吃就对了，顶多稍微计较吃些什么。

挖了电饭锅底的饭，夹些剩菜，今天还有玉米、豆干和西红柿炒蛋，淋点有小碎肥肉的肉臊，舀一碗青菜豆腐汤，汤料稀稀疏疏，只剩菜的残肢和一点碎泥般的腐渣了，只要还香着，入口滑溜就好。热热的装饱肚子，就是赚了一顿。

想想，老板娘还算慷慨。

"我们也是辛苦过来的。"老板娘常这样子说。但看着老板娘手指上的戒指，她的辛苦已经结出那么大颗的珍珠了，自己的辛苦却像橡胶鞋里的痒，怎样也摆脱不了。

真的过得去吗？

﹀﹀﹀

当初贷款买了房子，没料到丈夫突然被公司裁员，四处找不到工作，回到家时手上提的只有酒瓶。

缴不出贷款，于是她开始打两份工，泪流干了，身体也被榨干了，就像丈夫房里堆满的空酒瓶一滴也不剩。

然而，终究还是留不住希望，房子被贴了封条，被法院拍卖后还欠银行好几十万，夫妻俩不得已，跟独居的公公商量，搬回了巷尾的老房子。这房子阴暗潮湿,太阳总停在邻居门前就不再走近,衣服和棉被吸满了晒不干的霉气。

而不知怎的,上初中的女儿也仿佛被贴上了封条,暗暗的一张脸,暗暗的房间,不准人靠近。

"是叛逆期吧。"老师这样安慰她说:"这孩子在学校很独立、懂事,没惹什么麻烦。"但她知道那些阴暗、潮湿住进了孩子的心里,让她的心病了。

丈夫酒醉后的呓语,公公半夜的长咳,邻居若有似无的指指点点……这间几乎没有交谈的屋子里,却一点都不宁静。

她不是没想过,既然阳光不进来,那自己就走出去。但孩子还小,她忍着,想说等女儿长大就好。无论如何,"夫""妻"这两片贝壳不能分开,得把"女儿"这颗珍珠护好、养大,然后一切的辛苦就值得了,就会过去了。

因此,她继续咬牙忍着,不去唠叨,不去争吵,连偶尔的崩溃也安安静静、躲躲藏藏的,生怕若再多一点声响,这间老屋恐怕就真的要垮了。

＼＼＼

隔一年,公公中风了。她不敢说话,丈夫的兄弟他们也没开口,毕竟谁欠的谁就要还,于是她辞去工作,开始照顾公公,吞下了这沉重的默契。

第三章　那离不开的心

所幸，丈夫醒了，或许是被公公的瘫痪吓醒的，他开始到大楼当夜班管理员。丈夫说夜班可以偷眠，白天多少能帮忙照顾一下爸爸，让她去找个兼职做。于是，她开始在老板娘的自助餐厅工作，趁着看顾公公的缝隙匆匆来去，攒一些钱。

而女儿冷眼看着这一切，一家子在阴影里生活，阳光仿佛退得更远。

慢慢地，银行的欠债还了一些，但她心中对女儿的亏欠却越积越多。

没几年，公公走了，不知算仁慈还是残忍，留下了归处不明的老房子，兄弟终于出声了，却是恶言相向。丈夫咽不下这口气，呛声老死不相欠，搬离了差点出不来的死巷。

手头上省吃俭用余一点钱，他们贷款买了间顶楼的老公寓，虽然破旧又酷热，但阳光照亮了整间屋子，也把她的心暂时照亮了。

"又要搬家啦？"看着大人的纷争，升上高中的女儿仅冷冷地说。

但她的心没那么冷了，终于摆脱了阴暗、潮湿，一切又有了希望，她可以多流些汗，多晒些太阳，只要能拥有自己的房子，而孩子能在阳光里长大就好。

只是，没想到这份希望竟如此酷热，她加倍地工作，加倍地流汗，辛苦就像永昼的日光一样无止境地延伸下去，她连一点可以喘息的阴凉也没有。

一天晚上，下班时降了骤雨，她的电动车发动不了，迟了快一小时才到补习班接女儿。然而，眼见补习班都要熄灯了，女儿还是没出现，她心急如焚地四处寻找，心中满是再也见不着女儿的绝望念头，最后她打电话给上夜班的丈夫，丈夫提醒她先回家看看。

打开家门，女儿竟坐在餐桌上吃泡面！

一头湿淋淋的长发，这孩子，淋雨回来的吗？

"你为什么在这里？"她又惊又怒地瞪着女儿问。

"我自己走路回来的。谁知道你什么时候会来？"女儿头也不抬，冷冷地回。

"我欠你的吗？！"她踩着湿淋淋的脚印走过去，狠狠往女儿脸上甩了一巴掌。

这一巴掌，女儿没哭，但她哭了一夜。

﹀﹀﹀

不知不觉在老板娘的店工作了十几年。自助餐的生意越来越好，员工越来越多，后来换了更大的店面，贴了粉艳的花朵壁纸，门口也栽了几盆不同颜色的杜鹃。老板娘不再负责备料煮食，每天一身花瓣般柔滑的衣服，粉艳的妆，只负责坐在柜台接电话、分派工作与结账，然后挥舞着指上的珍珠，缤纷地绽放着。

老板娘的女儿比她的女儿大一些，毕业后嫁去了欧洲，那些永不凋谢的花朵壁纸就是她去欧洲看女儿时，顺道带回来的。

第三章　那离不开的心

　　她边擦汗，边听着这些，感觉像是很遥远的故事。欧洲，应该是自己这辈子都到不了的遥远地方吧。她只能偶尔瞧一眼门口的杜鹃，偷偷想起自己好久没涂的口红。

　　这就是不同的世界：隔一道墙，跨一条街，甚至越过一座海，人生之间的距离就是如此遥远。老板娘辛苦过来了，但她明白自己的辛苦没有尽头，且已经延伸到了下一代。

＼＼＼

　　她的女儿在医院里当护士。女儿很美，穿上洁白的制服再缀点妆，像朵初绽的花鲜丽地开在空调房里，但洗牌一般紧凑的日夜轮调，让人每天下班都要凋谢一次。

　　女儿工作后，没拿过钱给自己。她不想去在意这件事，但就是忘不了。

＼＼＼

　　那天，她一边帮客人夹菜，一边听着两个排队的妇人聊天。

　　"你不知道吗？我们叫做'被弃养的第一代'，靠自己了啦！还盼望老了有人养你，那是做白日梦！"领口挂着新潮墨镜的妇人说。

　　她习惯性地偷瞄妇人的手指，一颗黄色宝石刺眼地闪着。

　　被弃养啊？原来如此，她好像突然搞懂了自己那些隐约的焦虑与哀伤。谁欠的,谁就要还……但她能奢望找谁还呢?枯萎的女儿也被生活榨得一滴不剩。

下班了,她磨着橡胶鞋里的痒,扛着身上的酸痛,喝着没剩多少玉米的浓汤,拿起皱巴巴的报纸随便翻看——一张小鸟哺育身形明显比它巨大的雏鸟的照片,吸引了她的目光。

文章里说,杜鹃鸟习惯把蛋产在其他种类鸟的巢中,孵化出来的雏鸟会本能地将巢里的其他蛋推落巢外,而被蒙在鼓里的鸟妈妈就会将杜鹃雏鸟当作自己的孩子,继续辛劳地哺育,即使许多杜鹃雏鸟的身形已经比这些可怜的鸟妈妈巨大许多。

古人看到这令人印象深刻的情景,以为是孩子回巢哺育老迈的鸟妈妈,于是写下"慈乌反哺"的美丽故事。其实,这只是一场美丽的误会。

她把报纸揉成一团丢进垃圾桶,收起餐具,吃不下了。她好生气,又好哀伤,这一点都不美丽,是一场残酷的骗局!

为什么是她这一代?!

╲╲╲

那个晚上,她的胃一直翻搅。女儿大概被事情绊住了,迟迟未归,她跟往常一样躺在床上无法阖眼,一直到凌晨。

第三章　那离不开的心

听见开门声,她忍不住起身,看到满脸倦容的女儿,她一眼就瞧见女儿耳垂上那对新的珍珠耳环。

"你怎么有闲钱买这个?"她语气尖锐地质问。

"这没多少啊,才几百块而已。"疲累的女儿有气无力地回。

"几百块而已?你知道这我要洗多少菜,流多少汗吗?"难以消化的委屈一瞬间呕了出来,又酸又烫。

"妈,这是我用我自己的钱买的!"女儿觉得真是莫名其妙。

"什么你的钱?现在开始分你的钱我的钱了是不是!"她气得发抖,仿佛正用大火烧着。

女儿瞪着她不说话,转身甩上房门。

她一个人,被遗弃在客厅里。

丶丶丶

日子还是沉在汗水里湿漉地过。

一天傍晚,老板娘跟老板不知为了何事一路吵进了后头的厨房,老板踹了塑胶菜篮一脚,大家惊呼一声,眼见辛苦洗了一下午的包菜撒满地,老板娘的火也一股脑地烧到了底。

厨房闷热,抽风机使劲地转却什么也没抽走,两人扯开喉咙,顾不得众人耳目,再烧灼的话都丢了出来。

"要不然,你去说给你女儿听啊!你女儿就是受不了你,才会躲到国外去！"老板说。

老板娘听了，瞪大双眼。"你说什么？她可以嫁去英国就是因为我没给她束缚，她才有自由去追求她的幸福！"

老板冷笑说："笑死人！她说要送你珍珠，结果还不是请珠宝店的人送来？不然你现在打电话，看她接不接！"

"我现在就打给她，看你在这胡说八道！"老板娘拿出手机拼命地按，珍珠在指上颤抖着。

电话没接通。

"呵呵……悲哀！"老板哼了一声，大摇大摆地走了出去。

身旁的老同事对她附耳悄声说："又在外面欠赌债了。"

老板娘放下了手机，看着指上的珍珠落泪，但随即吸了吸鼻子，抹去眼泪。"那篮菜不要了，扫一扫，赶快切新的。"简单吩咐后，老板娘也离开了厨房。

一滴汗流进她的眼里，抽风机的声音又回到耳中。不知为何，一直以来嫉妒的心变成了同情，好像她们只是同样脆弱的妈妈而已，无论手指上的是珍珠，还是永远抹不干的汗珠。

╲╲╲

老板一脚踢翻菜篮，也踢乱了厨房的节奏，大家怎么样都快不起来，等她终于收拾好准备离开，已经比往常迟了一个多小时。

第三章　那离不开的心

她慢慢走到门口，忽然肩头被拍了一下。

"怎么这么晚？"是她再熟悉不过的声音，竟然在这里出现。

转过头时，她才发现原来并肩时看女儿，她得微微仰头。而那对珍珠耳环，像果实般坠着。

"你怎么会在这里？"她惊讶地问。

"平常都是你先下班，今天我下班回家后没看到你，就过来看看。很久没来了，这里怎么变这么漂亮！"女儿看着门口的杜鹃说。

天热了，杜鹃像着火一般地开满了。

"老板娘就爱漂亮，走啦，肚子饿不饿？"

"还好，今天太忙了，晚饭刚刚在医院吃了。"女儿挽起她的手，一起往电动车走去。

她有种感觉，如果这时她累了，身边的女儿应该可以撑起自己了。

她想起有次跟着女儿参加员工旅游，到了山上的农场，才知道原来杜鹃也可以长成一株树，不高，但展开有如一把巨伞，也是一棵结结实实的树。那是"金毛杜鹃"吧？难得她记住了花名，俗气易记，有朵艳红的花，就像合照里她久久才上一次的红妆，开在她朴素粗糙的脸上，而她身旁的女儿比花还美。

✧✧✧

女儿松开手，两人各自骑车回家。女儿在前头骑得快，一个路口,她被红灯拦下,只能望着女儿的背影远远离去。她心想:这辈子当母女,不是相欠,是相惜吧!

若"相欠"就绑死了,虽然断不开,却也不是心甘情愿地留下。嘴里的恩情都是债,心底的回忆都是计较和辛劳,而最后都成了苦。

"相惜"的话,就能珍惜这些片刻,尽管留不住,但也夺不走,这样就没有人会被遗弃了吧。

回到家,她又看了女儿一眼,那对珍珠配女儿,真的很美。

"看什么呀?"女儿问她。

"看这个女孩是谁生的,怎么这么漂亮!"她笑着说。

她要牢牢地抓住眼前这一刻,留给自己。

或许啊,孩子不是父母因痛而拼命护成的珍珠,非得收藏在自己身上,永远舍不得摘下。

他们是熟透的果实,带着生命与希望落地而生。看见他们终也平安地茁长,独立成一株能给人依靠的树,那份感动足以安慰人一辈子的辛劳吧。

这辈子,辛苦大概不会过去,但是值得了。

成 年 孤 儿

孩子的妈妈,却也依然是妈妈的孩子。

人有"真正长大"的时候吗?

即使成了父母,但是,情感上的不安与依赖真能彻底消失吗?……

不会消失吧!父母也不会真的消失,即便离世了,也是孩子内心深处一份思念与寄托的力量。

这样的脆弱就已够坚强了,而这些不小心长大了的"孩子",永远在学习成为更坚强的父母——

就像每一场湿润的雨都是温柔的灌溉,让我们的孩子长大了一些,自己也更坚强了一些。

下了高速公路，已不见高楼，儿时的宽阔天空又回到眼前，只是变得灰蒙蒙了。

路拓宽了，以前抓螃蟹的小河沟都被埋到了柏油底下，印象中的那几棵桃树和李树也都被铲去了，根，早已不在这片土地上。

田野上盖了许多铁皮屋，有着烟囱、抽风扇和通风管，铁灰色的风就如工厂吐出的一口口烟，染暗了这片她曾经奔跑的土地。

只剩下少少几片嫩绿的田像孤儿一般被遗留下来，而轻轻一阵呛鼻的风，就能将记忆与一切连根拔起。下次回来时，还会剩几片田呢？

车子很快便驶近了镇中心，儿时镇里最高的建筑就是庙，迷了路往庙的方向跑准没错，总会在那里遇见认识的人带你回家。但现在，庙看起来没那么高了，而且远远便可见镇上最高的已不是庙。

最高的是那座灵骨塔，远远地躲在镇的最后头，站在潮湿的山边，守着山，也被山守着。

＼＼＼

"要拐进去吗？"驾驶座的丈夫问，车子稍稍缓了下来。

她看了看褪色的街道，轻声说："不用了，要下雨了。"

于是车子加速，像逃离似的通过那个她曾经如此熟悉的路口。

屋子还在，但"家"没了，每次回去，越靠近就越觉得遥远，

第三章　那离不开的心

记忆里的一切都在后退，永远抵达不了。

还记得以前每年回来时，都会不小心错过这个路口，尽管妈妈在电话里再三提醒说三角窗的店面又改开了什么店，但她总是找不到，一定得开到小学门口才确定又过了头。

调头回来，远远就看见母亲在巷口不耐烦地招手。

"我不是跟你说过吗？怎么又开过头？"

"每年都不一样，哪有办法！"

"那家店每年都换老板，我们也是不习惯。"

"以前书店不是开了很久吗？我记得生意很好啊！"

孩子们放学后总爱挤在书店里，摸摸封膜的新漫画，用不多的零用钱买小玩具、零嘴，不然就是打藏在后头的游戏机。钱花光了继续闲晃，反正固定有几个钱花不完的孩子会一直坐在游戏机前，破不了关时就会掏钱出来买新漫画，嚷着要大家去旁边看，别来烦他。

后来爸爸妈妈们索性都到书店接小孩，反正在这里逗留总比网吧好。

"盖了灵骨塔之后，风水就不好了……"母亲掩着嘴说，仿佛会被无形的什么听见似的。

"你信这个？"她露出不屑的表情。

"行了行了！不讲这个，饭菜要凉了。"母亲转身疾步钻进

223

巷里。

"妈,上车啊!"丈夫把头探出车窗叫唤。

"不用!短短几步路,不要浪费时间。"

丈夫刻意放慢了车速,才能跟着母亲老迈的步伐在蜿蜒细巷里缓缓前进。

回忆里,母亲的身影快不起来,但也慢不下来。

﹨﹨﹨

过了不久,找不到回家巷口的人变成了父亲。

那晚,父亲巡田后一夜未归,隔日清晨被灵骨塔管理员发现时,他一脸惊惶地瑟缩在土地公泥像旁,嘴里喃喃喊着:"要被人收去了,收去了。"

之后,父亲再也找不到回家的路了。

那时她刚生完大女儿,跟丈夫商量后,请了长假,搬回娘家,妈妈帮她照顾小孩,而她帮妈妈照顾新生的"老小孩"。

她带着父亲到大医院检查,光亮洁净的仪器将父亲残破的身躯与灵魂一一暴露出来:糖尿病、高血压、肺气肿及心脏衰竭,还有坑坑疤疤的脑——像被暴雨蹂躏过后的田地,黑水泛滥。医生说父亲得了失智症,脑袋像贫瘠的土地,再也长不出东西……

而家里的田也真的荒废了。

第三章　那离不开的心

父亲退化得很快，比女儿长大的速度还快。没多久，女儿眼里的灵魂已比父亲的清澈饱满，话也说得比父亲明白伶俐。

母亲听不懂什么是失智症，四处求神问卜，拿了私房钱帮灵骨塔旁的土地公贴上金鞋、金楬，拜求它把收去的还来，如果不够，之后还可以慢慢还。当然，这不归土地公管。

"唉！真是收去了。"眼见父亲如泥像般一天天地空洞、干裂，母亲不甘心地摇头叹气。

为了那些金箔，她拿着从医院印出来的影像跟母亲大吵一架。"看到了没，你是要补什么？你钱被骗了，以后要吃什么？我看你脑子也空了！"

"没有钱你就不愿意养我是吗？我看养你也没用，好在你爸现在脑子空空，听了也不会伤心！"母亲气得眼泪直流。

"唉，我不是这个意思，我是烦恼——"

"不要替我烦恼，再怎样，我还有你爸留下来的一块田，就算东西种不活，还可以埋死人！"那时母亲眼里的悲伤，几乎可以让所有活着的东西都瞬间死去，包括爱与希望。

╲╲╲

到了塔前，车子开始慢了下来。

每次来到这儿总有种异常宁静的感觉，像是哀伤被稀释、再稀释,直到能够呼吸、说话、安详微笑的浓度——越淡,越好。淡淡地思念,淡淡地遗忘,想要统统都放开,却又像不舍地留下那最后一点珍贵气味似的,飘在缓慢流动的空气中,久久不散。

排在等待进入停车场的车阵中,雨淡淡地落了下来。香炉的火已燃,烟窜不高就被风吹散,混入潮湿的空气中,再飘落,车窗上细细地洒上了尘埃似的灰。雨不大,只是纠缠,每年回来几乎都是如此。

她和丈夫牵着两个女儿快步走进塔里,开始分头焚香。

她闭上眼带着女儿念:"保佑我们一家人身体健康,每天都有开心的事情。"

"爸爸抱我!"

丈夫抱起三岁的小女儿,抓着她的手一起把香插进炉里。小女儿合起麻糬似的小掌,又认真闭上眼拜了拜。

五岁的大女儿抬头问:"为什么不能说不要有不开心的事情?"

"那样太贪心啦,神明会忙不过来啊!"她低头看着大女儿,好奇这小小脑袋是如何转动的。

"那神明也没有很厉害嘛!"大女儿毫无忌讳地说。

假如母亲还在,一定会叱喝女儿别胡说八道吧。人对神只能谦卑地求,一点都不能贪。"如果可以事事顺心,何必求神。"她想起母亲安慰人时,似乎常常这样说。

第三章　那离不开的心

不知道这句话是否安慰得了母亲自己呢？

"神明已经比我们厉害很多了。你看，他要照顾这么多人，我跟爸爸只要照顾你们两个就好。"

她牵起女儿的手，在烟雾缭绕的人缝间找寻电梯。

"而且我已经长大了，不用照顾那么多了。"女儿故意放开手，熟门熟路地往前走去。

她回头看丈夫，无奈地笑了笑，然后小心地跟在女儿后头，竟也真的走到了电梯口。

"你还记得外公、外婆住几楼吗？"

"五楼啊！你去年还跟他们说我明年就五岁了。"大女儿抢先按了电梯，一脸理所当然的模样。

五年了啊，转眼五年间的变化，哪有什么是理所当然的。

上了五楼，大女儿又是第一个飞奔而出，但这回她在迷宫似的行列间转了好几圈，还是找不着外公、外婆的住所，不甘愿地嘟起嘴，停了下来。

"都长一样！"她皱着小脸抱怨。

"所以还是别乱跑，要跟着妈妈啊！"虽然来了几次，她还是得小心在几无差异的柜位间凭印象与号码辨识，才能找到正确的路。

小时候，镇的四周都是田，一望无际地延伸到她奔跑不到的尽头，田埂小路是一座透明的迷宫，她抬头便可看见镇上最高的庙，却总是越绕越远。

父亲的田离水泥路很远，她每次都得让母亲带着才能从迷宫里转出圈来。一路上，她只管紧抓母亲的手，好奇地探看周围的稻草人又穿上什么"新衣"，反正她记不住路，不如安心地藏在母亲身后，欣赏一路的风景。

那时，她觉得世界很大，母亲的手很大，父亲的田也很大。现在，世界就缩在一柜柜小小的方格里，女儿的手很小，而从塔这儿望过去，父亲的田也小得像一颗被遗落的绿豆。

她看见转角书店老板的父亲的塔位，某种熟悉的安定感终于落回心底。大女儿乖乖抓着她的手，跟着她拐弯，尽头傍窗的位置就是外公、外婆的新家了。

╲╲╲

塔刚建成时，谣言不断，老人家的忌讳多，怕火烧，怕高处风大吹散魂魄，怕离地断根，子孙流离，因而塔空荡荡的，几乎没人愿意住宿。后来镇长申请补助，还邀请大庙的高僧到塔里办法会，才开始有买不起墓地的人住进寄物柜般的集合住宅。

但母亲还是认定，父亲的魂魄是被邪门的灵骨塔收走的。

"现在不能随便在田里盖墓了。"她不断劝说母亲。

第三章 那离不开的心

"我不管,人埋在地下谁能看得到哦?我们自己知道别讲就好!"母亲有些心虚,但嘴上硬是不放软。

大女儿一岁多时,父亲就走了。

母亲哭了一夜,早早还是替大家煮了一桌稀饭、酱菜。

"就照你的意思,书店老板跟我讲,他老爸也是住在塔里,他陪我去看过,算清幽舒适。我选好位了,偎在窗边,看出去就可以看到你老爸的田,下雨天也看得很清楚。"母亲在大家面前,对着她平静地说,然后就转身返回房里。

她低头喝了一口粥,一股热气咽进胸口,她落下泪来。

╲╲╲

父亲过世后,荒废的田又热闹了起来,但母亲在她喜爱的果菜花草间,身影仍显得孤寂。

"这样才不会无聊。"妈妈要说的,或许是比较不会孤单。

她问母亲要不要搬来一起住。"田可以租给别人。"

母亲沉默了半晌,看着她的肚子说:"怀孕了吗?"

她惊讶又心虚地反问:"你怎么知道?"

"说了你也不会信,我田里的木瓜树结果了。"

她摇摇头不信。"你是看我变胖了吧?"

"不信也要信,我有你的时候,也是梦到木瓜树结果啊!"母亲此刻眼里仿若有神,看穿生死的神。

"那……你搬来好吗?"她还是缠着母亲问。

其实发现怀孕后,她一直很焦虑,大女儿周岁前几乎都是母亲照顾的,这次她仍完全是新手,如果没有母亲帮忙,她不知道能不能撑下去。

这时她才领悟,自己还没有成为"像母亲那样"的母亲,她还不够坚强、不够独立,看这世界不够透澈,也不够无所畏惧。她仍是依赖着母亲的女儿,紧抓住母亲的手,生怕在生与死交会的迂回路上迷了路。

"做母亲啊,就是一辈子不得轻松!你老爸走了,也算放我自由。你来这可以,但我不可能搬离这屋子,田留在这,我就留在这。"

母亲嘴上说的自由一点都不自由,同样成为母亲后,她彻底明白了这种感受。只是母亲看破了,她却仍在挣扎。

即使她还是脆弱的,也得学会坚强。人哪有真正长大的时候?她无法也不愿意为了长大,而放弃所有的依赖。她是孩子的母亲,也是母亲的孩子啊!

但母亲终究是不会一直存在的。

小女儿快出生前,母亲在田里倒下了。她挺着大肚子,望着田

第三章　那离不开的心

里那些来不及采收的瓜果，就差一点点，一点点，命运从此将生死断开。她不禁在心中自责地想：母亲是不是真的累了，连小孙女也无力见了？

生与死，人永远是不自由、没得选择的，而母亲也终于自由了吧。

＼＼＼

失去母亲后，其实她也累了。灵堂、灵骨塔、田与老屋、产房、月子中心、婆家、公司……她不停地奔波，总害怕脚步慢了或迟了，又会失去什么。

她说不清那种疲惫感，生活明明慢慢地安顿下来，孩子长大了，她的哀伤渐淡，但她却像失去土壤般留不住雨水，日渐枯干。一颗心宛如悬空，开不出花也结不出果，无法支撑生命的重量。

隔年祭拜完，妹妹与她到田里散步时突然说："姐，你知道吗？其实我们现在也算是孤儿了。"她看着杂草丛生的田，才恍然大悟那种无所依靠、给不出力量的感觉是什么。

塔遥远地矗立，注视着所有事物，却又仿佛无视一切。田里的木瓜树还在，但再也没结果了。

"谁最后不是变成孤儿呢？"她记得自己当初是这样平静地回

答妹妹的,但好几年了,她的心还是没平静下来。那么,母亲又是如何面对这个问题的呢?怎样才能如泥土底下的岩盘那般坚强呢?

﹨﹨﹨

丈夫爬上了矮梯,用借来的钥匙旋开小门。黄玉与淡玫瑰色的骨灰坛上是父亲与母亲几无表情的照片。

照片比记忆中的父母年轻许多,与光滑的玉石一同停留在岁月的某一刻——但那一刻已死去,被命运挖掘、敲凿与琢磨,然后光滑而面无表情地死去。

"来,我们请外公、外婆保佑我们。"她低头对两个女儿说。

"为什么叫外公、外婆?"小女儿一边合十,一边问。

"那是妈妈的爸爸和妈妈。"大女儿抢着答。

"先安静,这么吵,外公、外婆听不清楚。来,对外公、外婆说,我们已经五岁和三岁了,请外公、外婆在天上要继续保佑我们乖乖吃饭,乖乖睡觉,乖乖长大。"

祭拜完后,小女儿急着问:"外婆睡在这里,那要怎么陪你睡觉?"

她摸摸小女儿的头,说:"妈妈已经长大了,所以不用外婆陪,可以自己睡觉了。"

第三章　那离不开的心

"我也是。"大女儿好强地插话进来。

"你以后也要睡在这里吗？"小女儿专注的眼睛里似乎飘来了乌云。

"我不知道，这里客满了，妈妈应该会睡在别的地方。"她感受到小女儿的不安，弯下身轻轻地说。

"我不要长大，我要妈妈一直陪我睡！"小女儿突然哽咽，伤心地哭了起来。

她抱起小女儿，安慰着说："妈妈会陪你啊！可是如果大家都不长大，那大家就一直都是小宝宝，就没有爸爸妈妈了啊！"

"我不要，我有妈妈就好！"小女儿哭得更伤心，像一场雷雨落在她心头。

"那我也不要长大！"长大的大女儿也跟着放弃长大，噙着眼泪黏上她的腰际。

她无助地看着丈夫，那一瞬间，她也想哭喊：我也不要长大！

只是，如今她已成了孤儿，再怎么哭闹耍赖，也没人会理会了。

"还有爸爸啊，分一些给爸爸好吗？"丈夫张开双臂，试着伸出援手。

"不要，不要！"小姐妹哭得毫不讲理，头在妈妈的怀里埋得更深。

塔外的雨突然绵密了起来。

终究，潮湿侵入了一切，她的身体像落入水里被拖着下沉，泪水淹了上来,眼里变得模糊多雨。这是身为母亲的眼泪,还是身为女儿的眼泪呢?

她别过脸,偷偷地快速拭去泪水,然后撑起一个坚强的微笑,继续面对多雨的日子。不知哪来的力气,她抱起一双女儿,将她们拉离水面。

因孩子而脆弱,也因孩子而坚强,或许,母亲也总是在暗处偷偷拭去泪水吧?

小姐妹不哭了,但世界湿透了。她走近窗口,望向远处的田,有一丁点的翠绿穿过层层雨丝,模糊地透了过来,但是不管再远,她仿佛都能看见。

"你们看,远远的那边有个地方绿绿的,就是外公的田哦!"

"哪里哪里?我看不见?"小女儿伸长了脖子。

"在那里啊!只有那边是绿色的。"

"我看到了,好小好小哦!"大女儿皱起鼻子说。

"可是妈妈小时候觉得很大哦!"

"比我们家还大吗?"小女儿问。

"还大哦!大到我都找不到外公藏在哪里呢。"

"那是妈妈眼睛不好吧!"大女儿不以为然地说。

她笑而不答,紧紧拥着孩子。小姐妹似乎没那么重了,她们看着窗外,小眼睛好奇地在陌生的土地上游动。天空的雨变得温柔,

第三章　那离不开的心

细细地灌溉土地，尽管只剩一丁点绿，它也轻轻擦拭着。

母亲离世后，她和妹妹将田租给书店老板的儿子，他父亲是镇上少数不种田的人，而现在他却成了镇上罕有的耕作者。

看起来，今年的收成会不错呢。

＼＼＼

回程路上，雨水像难以告别似的持续下着……下在她身后，也在前头。她离家了，亦是返家。

广播中传来主持人雨丝般的轻柔声音。

"今天是清明节，许多人可能正在往扫墓的路上，或是已经扫完墓了。人家说清明时节雨纷纷，今天果然又是个雨天啊！幸好今天雨不大，增加了思念的气氛，又不会把大家扫墓的行程打乱。话说，大家知道清明除了是节日外，也是个节气吗？现代务农的人少了，对节气也不熟悉了，像我知道的大概就只有清明、立夏、夏至和冬至而已。考考大家，在清明跟立夏之间，还有个很特别的节气，大家知道是什么吗？"

"谷雨。"她看着一朵朵开在玻璃上的细碎雨花，不假思索地回答。

开车的丈夫惊讶地转头看了她一眼。

"谷雨,稻谷的谷,下雨的雨,这是夹在清明与立夏之间,春天的最后一个节气哦。以前的谚语说:'谷雨始,万物生。'谷雨时若有充沛的雨水,田里的秧苗就能顺利地长大,辛苦插秧的农夫也就安心许多了。"

小时候如果出门遇到下雨,她多抱怨几句,就会被母亲念叨:"我们种田的靠天吃饭,雨水是老天疼惜、赏的,要感恩,别嫌麻烦。田没有雨水吃,你也没有饭吃!"

如今,谷雨这天若没下雨,她反而会焦虑起来。

"我们那儿有句谚语:'谷雨补老母,立夏补老爸。'还有习俗是,在谷雨这天,女儿会带猪脚米线回家探望母亲,是不是很特别呢?"

"那你会这样做吗?"丈夫问。

"会啊,不过我妈都说我带回去的猪脚米线没她煮的好吃,叫我不用特意回去了。"她微笑着说。

"妈妈就是这样。"

"是啊!妈妈就是这样。"

车子在高速公路上奔驰,她转头看后座的孩子,看她们满足地沉沉睡着。

第三章　那离不开的心

"把广播关掉吧。"她轻声对丈夫说。

"嗯。"

雨安静地下着,孩子安静地长大,有时她也会望向天空,想象雨水是从天上的父母那儿落下的信息,无论多么遥远,都会抵达——爸爸妈妈在天上,一起疼惜我们。

雨生百谷,丝丝缕缕皆是爱与希望。

是要先成为孤儿,才能成为坚强的妈妈?

还是当了妈妈之后,必能成为坚强的孤儿呢?

或许,从来没有什么是真正坚强的,岩石会风化成泥土,山会流泪成河。生命其实是在柔软里诞生的,尽管脆弱,却足以抵御死亡。